ISBN 978-3-06-083124-1

Liebe Lehrerinnen und Lehrer,

die bundesweiten Vergleichsarbeiten (VERA) zur Lernstandserhebung sind in der Grundschule mittlerweile zu einem festen Bestandteil geworden. Sie werden jährlich gegen Ende der dritten Klasse durchgeführt und sollen das Erreichen der Bildungsstandards überprüfen sowie Hinweise zur Verbesserung der Lernleistungen und für die Weiterentwicklung des Unterrichts geben. Dazu gehört auch die Verbesserung der Diagnosegenauigkeit.

Sich über einen längeren Zeitraum auf Aufgaben zu konzentrieren, ist für viele Schülerinnen und Schüler ungewohnt und anstrengend. Das gilt auch für die Erfahrung, unter Zeitdruck zahlreiche, zum Teil noch unbekannte Aufgabenformate ohne Hilfsmittel bearbeiten zu müssen.

Mit den vorliegenden Lernstandserhebungen möchten wir Ihre Schülerinnen und Schüler und Sie selbst unterstützen:

- Den Schülerinnen und Schülern sollen die Lernstandserhebungen helfen, sich mit sorgfältig ausgewählten Aufgaben, wie sie auch in den Vergleichsarbeiten verwendet werden, **auf die ungewohnte Testsituation vorzubereiten**. Möglicherweise vorhandene Ängste können so abgebaut und es kann Sicherheit gegenüber der zukünftigen Testsituation gewonnen werden.

- Bei Ihrer **täglichen förderdiagnostischen Arbeit** sollen die Lernstandserhebungen Sie unterstützen und dabei helfen, aktuelle Lernstände und vorhandene Kompetenzen Ihrer Schülerinnen und Schüler in den verschiedenen inhaltlichen Bereichen einzuschätzen und den individuellen förderdiagnostischen Bedarf zu ermitteln.

Die Aufgaben sind an den KMK Bildungsstandards sowie den Lehr- und Bildungsplänen der Bundesländer orientiert und fokussieren die dort beschriebenen Lernziele und zu erreichenden Kompetenzen.

Im **Auswertungsbogen** werden neben den **Aufgabenlösungen** das jeweilige **Niveau** der Aufgabe sowie die jeweils fokussierten **Fähigkeiten, Fertigkeiten und Kenntnisse** beschrieben, die zur Aufgabenbewältigung im Wesentlichen benötigt werden.

In Anlehnung an die drei in den KMK Bildungsstandards angeführten Anforderungsbereiche „Wiedergeben", „Zusammenhänge herstellen" sowie „Reflektieren und beurteilen" (vgl. Bildungsstandards im Fach Deutsch für den Primarbereich, Beschluss vom 15.10.2004, S.17) und die VERA-Fähigkeitsniveaus 1–3 (vgl. VERA, Hinweise zur Weiterarbeit, Erläuterungen zu den Deutschaufgaben 2009, S.2) sind den Aufgaben der vorliegenden Lernstandserhebungen drei Niveaustufen zugeordnet, die entsprechend *grundlegende*, *erweiterte* und *fortgeschrittene* Fähigkeiten erfordern.

**Niveau 1:** „Wiedergeben" → erfordert grundlegende Fähigkeiten

Das Lösen der Aufgabe erfordert die Wiedergabe bekannter Informationen und die Anwendung grundlegender Verfahren und Routinen.

**Niveau 2:** „Zusammenhänge herstellen" → erfordert erweiterte Fähigkeiten

Das Lösen der Aufgabe erfordert das Erkennen von Zusammenhängen, das Verknüpfen von Informationen sowie das Anwenden erworbenen Wissens und bekannter Methoden.

**Niveau 3:** „Verallgemeinern, reflektieren und beurteilen" → erfordert fortgeschrittene Fähigkeiten

Das Lösen der Aufgabe erfordert den Umgang auch mit neuen Sachverhalten und das Entwickeln eigenständiger Beurteilungs- und Lösungsansätze.

Der Auswertungsbogen der Lernstandserhebungen bietet darüber hinaus Platz für Ihre **Beobachtungen und Notizen** zur Einschätzung des jeweiligen Lernstandes des Kindes im Rahmen Ihrer förderdiagnostischen Arbeit.

Den Schülerinnen und Schülern ermöglicht ein einfaches Smiley-System auf den Testseiten die **Selbsteinschätzung** und schafft so eine Basis zur Reflexion des eigenen Lernstandes. Gemeinsam mit dem Kind können anschließend die Ergebnisse aus der Selbsteinschätzung und Ihre Einschätzungen aus dem Auswertungsbogen in einem förderdiagnostischen Gespräch zu einem Gesamtbild zusammengefügt und Lernziele sowie nächste Lernschritte vereinbart werden. Dabei kann es im Sinne einer dialogisch orientierten Förderdiagnostik sehr aufschlussreich sein, nach Lösungswegen und Erklärungen bei falsch gelösten Aufgaben zu fragen, um Einblicke in die Denkwege Ihrer Schülerinnen und Schüler bei der Lösung einer Aufgabe zu bekommen.

Die Lernstandsseiten erheben nicht den Anspruch, eine kontinuierliche Beobachtung und Dokumentation des Lernverlaufs sowie förderdiagnostische Maßnahmen zu ersetzen. Sie können aber einen wichtigen Beitrag zu Ihrer alltäglichen förderdiagnostischen Arbeit leisten.

Ihr Cornelsen Verlag

| | |
|---|---|
| Erarbeitet von: | Rüdiger-Philipp Rackwitz |
| Redaktion: | Birgit Waberski |
| Illustrationen: | Gabriele Heinisch |
| Layout und technische Umsetzung: | Birgit Riemelt, Panketal |

Liebe Schülerin, lieber Schüler,

mit diesen Aufgaben kannst du herausfinden, was du schon gut kannst und was du noch üben solltest.

**Bearbeite die Aufgabenblätter so:**

1. Schreibe deinen Namen und das Datum oben auf jedes Blatt.
2. Lies dir die Aufgabe in Ruhe durch.
3. Bearbeite die Aufgabe.
4. Wenn du bei einer Aufgabe nicht weiterkommst,
   mache bei der nächsten weiter und versuche es später noch einmal.
   Du kannst auch jemanden um Hilfe fragen.
5. Wenn du eine Aufgabe bearbeitet hast, kreuze an,
   wie leicht oder wie schwierig du sie findest:

   Diese Aufgabe
   ☺ kann ich gut lösen
   ☺ kann ich nur zum Teil lösen
   ☹ kann ich gar nicht lösen

**Es gibt verschiedene Aufgabenarten:**
Bei manchen Aufgaben sollst du die richtige Antwort ankreuzen.
Beispiel:   Was hängt in der Schule? Kreuze an.

☐ Waffel   ☒ Tafel   ☐ Tante

Meistens ist nur eine Antwort richtig. Wenn mehrere Antworten richtig sind, steht in der Aufgabe „Kreuze **alle** richtigen Antworten an."

Bei manchen Aufgaben sollst du etwas in einem Text **unterstreichen** oder ein falsches Wort **durchstreichen**.

Beispiele:   Wort   ~~Wort~~

Bei manchen Aufgaben sollst du die Antwort **aufschreiben**.
Bei Aufgaben mit einer kurzen Schreiblinie reicht es, ein oder zwei Wörter aufzuschreiben. Bei längeren Linien solltest du einen oder mehrere Sätze schreiben.

Viel Spaß und viel Erfolg!

# Der Elefant

Der Elefant ist das größte lebende Tier auf dem Land.

Die meisten Elefanten leben im Süden von Afrika.

Außerdem gibt es noch Elefanten in Asien.


Elefanten werden bis zu 3 Meter hoch

5 und zwischen 5 und 7 Meter lang.

Der größte bekannte Elefant war 4,21 Meter hoch

und 10,39 Meter lang!


Elefanten fressen Blätter und Gras,

die sie mit ihrem Rüssel abreißen.

10 Der Rüssel ist die Nase des Elefanten.

Damit kann ein Elefant aber auch Wasser aufsaugen

und es sich in sein Maul spritzen.


Elefanten können bis zu 70 Jahre alt werden.

Der älteste bekannte Elefant

15 lebte in einem Zoo in Taiwan

und wurde 86 Jahre alt.

Name:                        Datum:

**Wie ist mein Ergebnis?**

**1**   Wie nennt man die Nase von Elefanten? Kreuze an. ☺ ☺ ☹

   ☐ Rüsche      ☐ Schüssel      ☐ Rüssel

**2**   Wo leben Elefanten? Kreuze an. ☺ ☺ ☹
     Lies im Text oder schau auf die Karte.

   ☐ Elefanten leben in Asien und Europa.

   ☐ Elefanten leben in Afrika und Asien.

   ☐ Elefanten leben in Afrika und Europa.

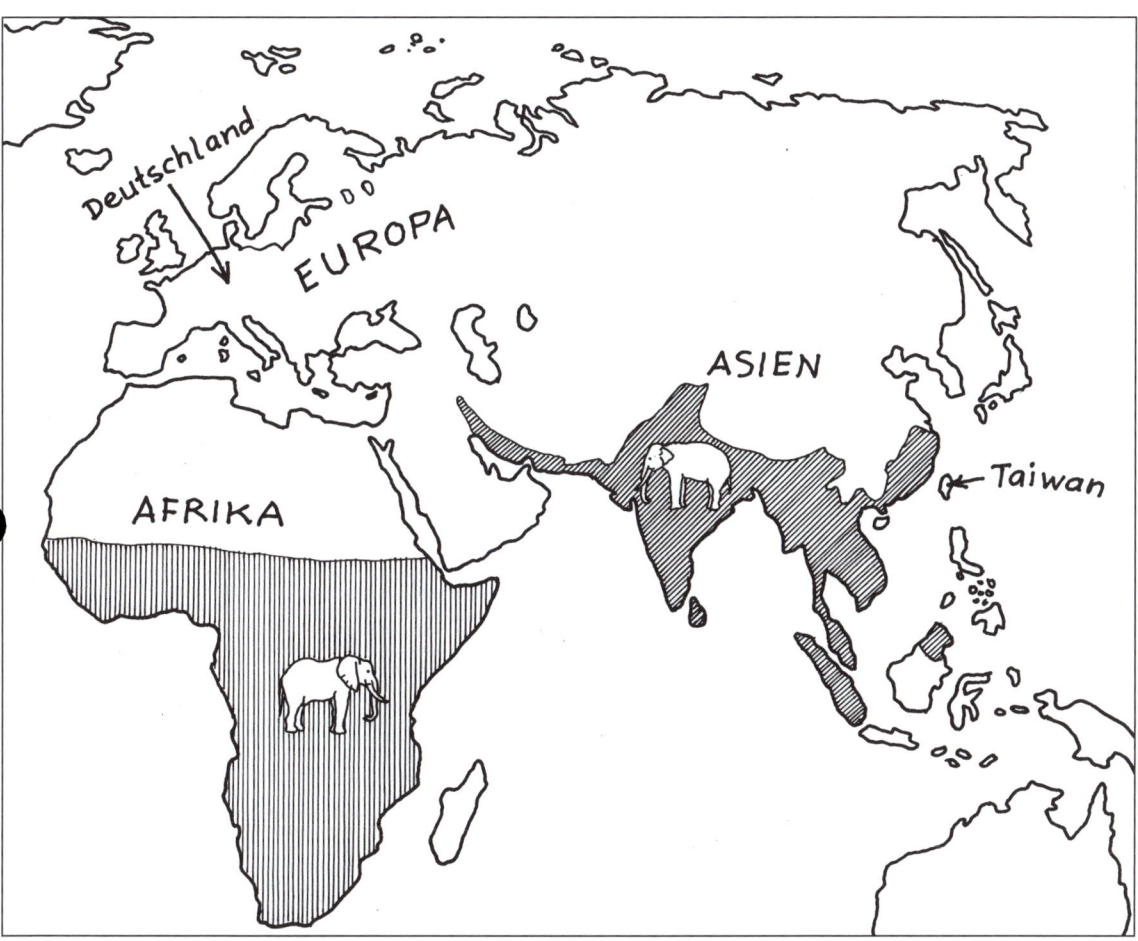

**3**   Was fressen Elefanten? Unterstreiche im Text. ☺ ☺ ☹

☺ kann ich gut lösen     ☺ kann ich nur zum Teil lösen     ☹ kann ich gar nicht lösen

**Wie ist mein Ergebnis?**

**4** Lies genau und kreuze an.

Der Elefant ist das kleinste lebende Tier auf dem Land.

☐ stimmt        ☐ stimmt nicht

Elefanten werden bis zu 7 Meter hoch.

☐ stimmt        ☐ stimmt nicht

Der älteste bekannte Elefant wurde 86 Jahre alt.

☐ stimmt        ☐ stimmt nicht

**5** Was kann ein Elefant alles mit seinem Rüssel machen?
Lies im Text nach und schreibe es auf.

```
>
>
>
>
```

**6** Wie groß war der größte bekannte Elefant?
Lies im Text nach und trage die Zahlen ein.

Höhe _____ m

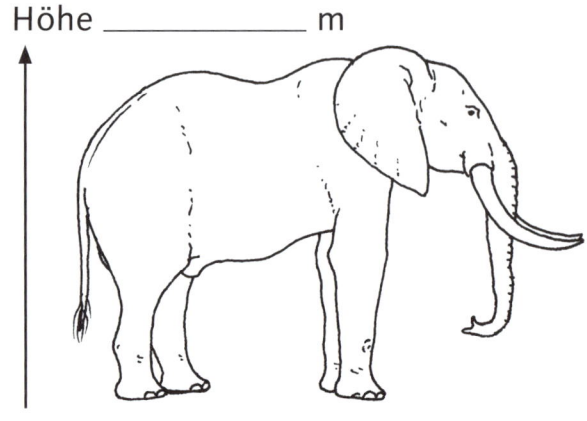

Länge _____ m

☺ kann ich gut lösen    😐 kann ich nur zum Teil lösen    ☹ kann ich gar nicht lösen

Name:                               Datum:

**Wie ist mein Ergebnis?**

**7**    Was ist richtig? Lies genau und kreuze an.     ☺ ☺ ☹

     ☐   Elefanten werden 60 Jahre alt.

     ☐   Elefanten können bis zu 70 Jahre alt werden.

     ☐   Elefanten werden 70 Jahre alt.

**8**    Wo lebte der älteste bekannte Elefant?
Lies im Text nach und schreibe einen ganzen Satz auf.     ☺ ☺ ☹

**9**    Sollten Tiere im Zoo leben oder in der Wildnis?
Begründe deine Meinung.     ☺ ☺ ☹

Gut gemacht! Jetzt hast du alles geschafft!

☺ kann ich gut lösen     ☺ kann ich nur zum Teil lösen     ☹ kann ich gar nicht lösen

## Annas Geburtstag

Anna wohnt im Zirkus und hat Geburtstag. Sie wird 7 Jahre alt.
Ihr größter Wunsch ist es, einen richtigen Kindergeburtstag
mit anderen Kindern zu feiern! Aber sie ist traurig, denn sie ist
das einzige Kind im Zirkus. Und weil der Zirkus jede Woche
5 in einer anderen Stadt steht, kennt Anna auch keine Kinder,
die sie einladen könnte.

Am Nachmittag findet eine Vorstellung statt. Gleich zu Anfang
tritt Annas Mutter mit den Pferden auf. Sie gibt Kommandos,
und die Pferde führen Kunststücke vor.
10 Dann kommen die Clowns und machen lauter lustige Sachen,
doch Anna ist heute nicht zum Lachen.
Am Ende der Vorstellung zeigt Annas Vater
verschiedene Zaubertricks. Plötzlich hat er
eine große Geburtstagstorte hervorgezaubert und ruft:
15 „Für Anna, die heute Geburtstag hat!"
Die Zuschauer klatschen und rufen:
„Alles Gute zum Geburtstag, Anna!"

Als die Vorstellung zu Ende ist, laufen ein paar Kinder zu Anna
und überreichen ihr Geschenke. Anna ist ganz überrascht
20 und weiß gar nicht, was sie sagen soll.
Die Clowns tragen einen großen Tisch und Stühle in das Zirkuszelt
und bringen Teller, Tassen, Gabeln und Getränke.
Alle Kinder setzen sich an den Tisch, essen gemeinsam die Torte
und feiern mit Anna Geburtstag, einen richtigen Kindergeburtstag!

Name:                                   Datum:

Wie ist mein Ergebnis?

**1** Wie alt wird Anna? Kreuze an.

☐ 4 Jahre          ☐ 7 Jahre          ☐ 9 Jahre

**2** Was ist Annas größter Wunsch? Kreuze an.

☐ Anna möchte eine große Geburtstagstorte bekommen.

☐ Anna möchte in der ersten Reihe sitzen.

☐ Anna möchte einen richtigen Kindergeburtstag feiern.

**3** Was ist richtig? Kreuze **alle** richtigen Antworten an.

Anna ist traurig,

☐ weil es an ihrem Geburtstag regnet.

☐ weil sie das einzige Kind im Zirkus ist.

☐ weil sie keine anderen Kinder kennt.

☐ weil heute die Zirkusvorstellung ausfällt.

☐ weil sie keinen Kindergeburtstag feiern kann.

☐ weil die Zirkusvorstellung langweilig ist.

☺ kann ich gut lösen      😐 kann ich nur zum Teil lösen      ☹ kann ich gar nicht lösen

**Wie ist mein Ergebnis?**

**4** Wer tritt alles in der Zirkusvorstellung auf?
Lies im Text nach und schreibe es auf.

**5** Welche Überschrift passt noch zu der Geschichte?
Kreuze an.

☐ Anna wohnt im Zirkus

☐ Überraschung zum Geburtstag

☐ Kindernachmittag im Zirkus

☐ Pferde, Clowns und Zauberer

**6** Als die Clowns auftreten, ist Anna nicht zum Lachen.
Was ist damit gemeint? Schreibe es auf.

☺ kann ich gut lösen     😐 kann ich nur zum Teil lösen     ☹ kann ich gar nicht lösen

Name:                                    Datum:

Wie ist mein
Ergebnis?

**7** Suche die Antworten im Text und
trage sie in das Kreuzworträtsel ein.

1. Was führen die Pferde vor?
2. Wer klatscht?
3. Was findet am Nachmittag statt?
4. Was bringen die Clowns?
5. Was bekommt Anna von den Kindern?

☺ kann ich gut lösen     ☺ kann ich nur zum Teil lösen     ☹ kann ich gar nicht lösen

**Wie ist mein Ergebnis?**

**8** Was könnten Anna und die Kinder an dem Kindergeburtstag noch gemacht haben? Schreibe es auf.

**9** Was denkst du:
Woher wussten die Kinder, dass Anna Geburtstag hat?
Woher hatten sie die Geschenke? Schreibe es auf.

Gut gemacht! Jetzt hast du alles geschafft!

 kann ich gut lösen     kann ich nur zum Teil lösen     kann ich gar nicht lösen

# Auswertungsbogen Lernstandserhebungen Deutsch Lesen, Klasse 2

Name: _____ Klasse: _____

## Lernstandserhebung 1: Sachtext verstehen

durchgeführt am _____

| Aufgabe | Niveau | Fähigkeiten, Fertigkeiten und Kenntnisse | Lösungen | Beobachtungen und Notizen |
|---|---|---|---|---|
| 1 | 1 | • gezielt Informationen suchen und entnehmen | Rüssel | |
| 2 | 2, 3 | • gezielt Informationen suchen und entnehmen<br>• Verstehenshilfe anwenden (Karte)<br>• Informationen miteinander verknüpfen | Elefanten leben in Afrika und Asien. | |
| 3 | 1 | • gezielt Informationen suchen<br>• zentrale Aussage eines Textes erfassen<br>• Aussagen mit Textstellen belegen | Blätter und Gras | |
| 4 | 2 | • gezielt Informationen suchen und entnehmen<br>• Zusammenhänge erfassen | stimmt nicht<br>stimmt nicht<br>stimmt | |
| 5 | 2 | • gezielt Informationen suchen, entnehmen, verknüpfen und wieder-geben | *(als Stichwörter oder in ganzen Sätzen)*<br>Blätter und Gras abreißen,<br>Wasser aufsaugen, Wasser spritzen | |

Niveaustufen: **1** = „Wiedergeben" → erfordert grundlegende Fähigkeiten   **2** = „Zusammenhänge herstellen" → erfordert erweiterte Fähigkeiten   **3** = „Verallgemeinern, reflektieren und beurteilen" → erfordert fortgeschrittene Fähigkeiten

# Auswertungsbogen Lernstandserhebungen Deutsch Lesen, Klasse 2

Name: _____ Klasse: _____

durchgeführt am _____

## Lernstandserhebung 1: *Sachtext verstehen*

| Aufgabe | Niveau | Fähigkeiten, Fertigkeiten und Kenntnisse | Lösungen | Beobachtungen und Notizen |
|---|---|---|---|---|
| 6 | 1, 2 | • gezielt Informationen suchen, entnehmen, verknüpfen und wiedergeben | Höhe 4,21 m<br>Länge 10,39 m | |
| 7 | 1 | • gezielt Informationen suchen und entnehmen | Elefanten können bis zu 70 Jahre alt werden. | |
| 8 | 1, 2 | • gezielt Informationen suchen, entnehmen und wiedergeben<br>• sinnvollen Satz bilden<br>• Großschreibung am Satzanfang<br>• Punkt am Satzende | Der älteste bekannte Elefant lebte in einem Zoo in Taiwan. | |
| 9 | 3 | • eigene Meinung formulieren und begründen<br>• zu einem Schreibanlass Sätze oder einen kurzen Text schreiben<br>• verständlich, strukturiert, adressaten- und funktionsgerecht schreiben | | |

Niveaustufen: **1** = „Wiedergeben" → erfordert grundlegende Fähigkeiten  **2** = „Zusammenhänge herstellen" → erfordert erweiterte Fähigkeiten  **3** = „Verallgemeinern, reflektieren und beurteilen" → erfordert fortgeschrittene Fähigkeiten

# Auswertungsbogen Lernstandserhebungen Deutsch Lesen, Klasse 2

Name: _____   Klasse: _____

durchgeführt am _____

## Lernstandserhebung 2: *Erzähltext verstehen*

| Aufgabe | Niveau | Fähigkeiten, Fertigkeiten und Kenntnisse | Lösungen | Beobachtungen und Notizen |
|---|---|---|---|---|
| 1 | 1 | • gezielt Informationen suchen und entnehmen | 7 Jahre | |
| 2 | 1 | • gezielt Informationen suchen und entnehmen | Anna möchte einen richtigen Kindergeburtstag feiern. | |
| 3 | 2, 3 | • gezielt Informationen suchen, entnehmen, verknüpfen, reflektieren, bewerten | … weil sie das einzige Kind im Zirkus ist. … weil sie keine anderen Kinder kennt. … weil sie keinen Kindergeburtstag feiern kann. | |
| 4 | 2 | • gezielt Informationen suchen, entnehmen und wiedergeben | *(als Stichwörter oder in ganzen Sätzen)* Annas Mutter, (Pferde), Clowns, Annas Vater | |
| 5 | 2, 3 | • Zusammenhänge herstellen, Texte reflektieren und verallgemeinern | Überraschung zum Geburtstag | |

Niveaustufen:   **1** = „Wiedergeben" → erfordert grundlegende Fähigkeiten   **2** = „Zusammenhänge herstellen" → erfordert erweiterte Fähigkeiten   **3** = „Verallgemeinern, reflektieren und beurteilen" → erfordert fortgeschrittene Fähigkeiten

# Auswertungsbogen Lernstandserhebungen Deutsch  Lesen, Klasse 2

Name: _____  Klasse: _____

durchgeführt am _____

## Lernstandserhebung 2: *Erzähltext verstehen*

| Aufgabe | Niveau | Fähigkeiten, Fertigkeiten und Kenntnisse | Lösungen | Beobachtungen und Notizen |
|---|---|---|---|---|
| 6 | 3 | • Zusammenhänge aus Text erschließen, reflektieren und verallgemeinern • Begriffe klären | *Anna ist so traurig, dass sie nichts zum Lachen bringen kann.* | |
| 7 | 1, 2 | • gezielt Informationen suchen und entnehmen • normgerecht (ab-)schreiben | 1. Kunststücke 2. Zuschauer 3. Vorstellung 4. Teller oder Tassen 5. Geschenke | |
| 8 | 3 | • eigene Gedanken zu Texten entwickeln • zu Texten Stellung beziehen • einen Text fortspinnen • zu einem Schreibanlass schreiben • verständlich, strukturiert, adressaten- und funktionsgerecht schreiben | | |
| 9 | 3 | • Text reflektieren • Zusammenhänge erschließen • eigene Meinung formulieren und begründen • zu einem Schreibanlass schreiben • verständlich, strukturiert, adressaten- und funktionsgerecht schreiben | | |

Niveaustufen:   **1** = „Wiedergeben" → erfordert grundlegende Fähigkeiten   **2** = „Zusammenhänge herstellen" → erfordert erweiterte Fähigkeiten   **3** = „Verallgemeinern, reflektieren und beurteilen" → erfordert fortgeschrittene Fähigkeiten

# Inhalt

## Ich kann Wörter lesen

 **1** Finde das Wort zum Bild. Kreuze an.

| die | der | die |
|---|---|---|
|  |  |  |

die

☐ Schare
☐ Schire
☒ Schere

der

☐ Pansel
☐ Pinsel
☐ Punsel

die

☐ Krude
☐ Kriede
☐ Kreide

**2** Verbinde zwei Silben zu einem Wort.

| **der** | **die** | **der** | **das** |
|---|---|---|---|
| Bit | Kni | Fla | Schreib |
| Bel  stift | Kne  te | Flei  ler | Schuh  heft |
| Blei | Kna | Fül | Schrei |

**3** Was ist in der Schultasche? Kreuze an.

☐ Li ne al          ☐ Lu ne al          ☐ Li nu al

☐ Le se bach     ☐ Le su buch     ☐ Le se buch

☐ Ta schin tach  ☐ Ta schen tuch  ☐ Te schen tuch

☐ An spit zur     ☐ An spot zer     ☐ An spit zer

## Ich kann Wörter finden

**1** Finde die kleinen Wörter in anderen Wörtern.
Markiere die Wörter.

| | |
|---|---|
| ich | ein |
| m**ich** | m**ein** |
| dich | dein |
| nicht | klein |
| Licht | Kind |
| Fisch | Bein |
| Lichter | Biene |
| Trichter | Stein |

**2** Finde die Wörter. Markiere.

**Wo ist das Pausenbrot?**

Hofpause

Frühstückspause

Pausenklingel

Pausenbrot

Pausenhof

Mittagspause

**Wo ist der Spielplatz?**

Fußballplatz

Platzdecke

Bolzplatz

Dorfplatz

Spielplatz

Parkplatz

**3** Wie heißt es richtig? Kreuze an.

| | Computerlaus | | Klassenschimmer |
|---|---|---|---|
| | Computermus | | Klassenzimmer |
| | Computerhaus | | Klassenhimmel |
| | Computermaus | | Klassenschimmel |

## Ich kann Sätze lesen

**1** Lies jeden Satz ohne Pausen.
Welchen Satz kannst du am besten lesen? Kreuze an.

| | | |
|---|---|---|
| ☐ Milan spielt gern Ball über die Schnur. | ☐ Amira trifft den blauen Reifen gut. | ☐ Timo klettert schnell die Stange hoch. |

**2** Ergänze die fehlenden Anfangsbuchstaben.

Die Kinder können über einen ☐ asten springen.

Sie turnen auf einer ☐ atte.

Manchmal rutschen sie über eine ☐ ank.

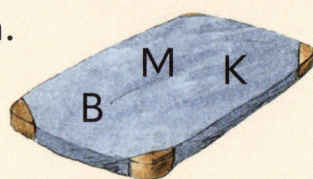

**3** Betrachte zuerst das Bild.
Schreibe danach die passenden Wörter in die Lücken.

**Eine schwere Turnübung**

> Turnschuhe   fallen   Bank
> Kopf   Partnerkind

Drehe zusammen

mit einem ▸ _____

eine Bank um.

Ziehe deine ▸ _____ aus.

Lege dir einen Turnschuh auf den ▸ _____ .

Gehe über die ▸ _____ .

Der Turnschuh

darf dir nicht vom Kopf ▸ _____ .

# Ich kann Sätze ergänzen

**1** Welches Wort passt? Ergänze die Reimwörter.

Eins, zwei, **drei**

und du bist ▸ _____ !

Sieben, acht, neun, **zehn**,

du musst ▸ _____ !

Auf dem Dach sitzt eine **Maus**

und du bist ▸ _____ !

Eine kleine Mücke saß auf einer Brücke,

eine zweite kam **dazu** und raus bist ▸ _____ !

| du |
|----|
| gehn |
| raus |
| frei |

**2** Welche Antwort passt? Markiere.

Was sagt der große Stift zum kleinen Stift?
„Schreib-mal-Stift!"
„Bunt-mal-Stift!"
„Wachs-mal-Stift!"

**3** Verbinde die passenden Satzteile.

| Mit dem Buntstift • | • schreibst du das Gedicht sauber ab. |
| Mit dem Bleistift • | • malst du das Bild bunt aus. |
| Mit dem Füllhalter • | • zeichnest du eine Tabelle. |

## Ich kann Texte genau lesen

**1** In jeder Zeile ist ein Wort zu viel. Streiche das Wort durch.

In der ~~alten~~ großen Pause spielen viele Kinder Fangen.

Undine und Elif sitzen sie auf der Bank.

Viktor und seine ihre Freunde klettern gerne.

Heute reden alle über Fußball und.

**2** Was stimmt? Kreuze an.

☐ Auf dem Foto sind drei Kinder zu sehen.

☐ Der Junge sitzt auf einem Sitzball.

☐ Sie arbeiten mit einem Tablet.

**3** Vergleiche die beiden Texte.
Markiere die Unterschiede.

| **Zum Schmunzeln** | **Zum Lachen** |
|---|---|
| Welches ist die gefährlichste Sportart? | Welches ist die leichteste Sportart? |
| Fußball! | Handball! |
| Da wird geschossen! | Hier wird geschossen! |

**4** Finde die gleichen Sätze. Verbinde.

Tina und Toni lesen. •      • Tina und Nina lernen.

Tina und Nina lernen. •      • Tobi und Tino lesen.

Tim und Tom lesen. •      • Tina und Toni lachen.

Tobi und Tino lesen. •      • Tim und Tom lesen.

Tina und Toni lachen. •      • Tina und Toni lesen.

# Ich kann Texte verstehen

✂ **1** Lies die Sätze. Male richtig aus.
Schreibe die Namen der Kinder auf.

1. Das Kind rechts hat eine grüne Hose.
2. Das Kind in der Mitte hat eine blaue Hose.
3. Das Kind links hat eine rote Hose.
4. Das rechte Kind hat einen roten Pullover.
5. Das mittlere Kind hat einen gelben Pullover.
6. Das linke Kind hat einen blauen Pullover.
7. Das Kind mit dem gelben Pullover heißt Sandro.
8. Das Kind mit der grünen Hose heißt Milena.
9. Milena hat blaue Schuhe an.
10. Sandro hat schwarze Schuhe an.
11. Ben hat braune Schuhe an.
12. Wo steht Ben?    links    rechts    in der Mitte

# In der Schule

## Das Schul-ABC

Mutter sagt zu Anna: „Nein!
Ich pack dir keine Waffeln ein.
Obst zur Pause, das hält fit",
und gibt ihr einen **A**pfel mit.

5 Im Klassenzimmer an der Wand
gibt eine **U**hr die Zeit bekannt.
Um zehn Uhr ist für alle Pause,
um ein Uhr gehen wir nach Hause.

Paul Maar ◈

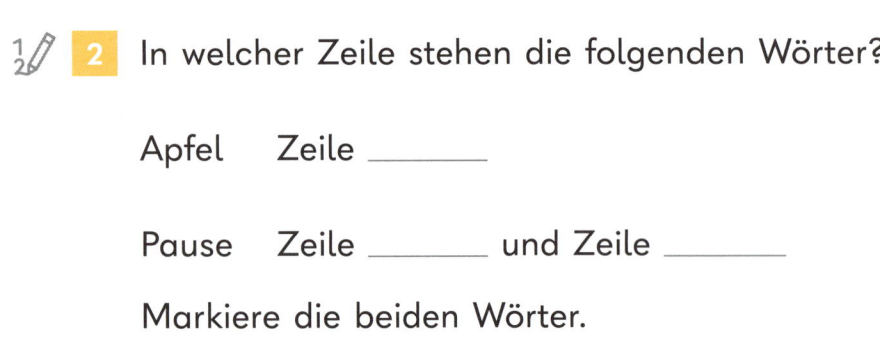

✎ **1** Das Wort **Uhr** steht zweimal im Text.

Stimmt das?  ☐ Das stimmt.  ☐ Das stimmt nicht.

Markiere das Wort **Uhr**.

½✎ **2** In welcher Zeile stehen die folgenden Wörter?

Apfel  Zeile _____

Pause  Zeile _____ und Zeile _____

Markiere die beiden Wörter.

✎ **3** Das Bild passt zum Text mit dem Buchstaben

☐ A.  ☐ U.

# Roboter in der Schule

Roboter in der Schule?
Das glaubst du nicht?
Doch! Es gibt sie wirklich.

Stell dir das so vor:
5 Alle Kinder sitzen an ihren Tischen.
Auf einem Tisch sitzt ein kleiner Roboter.
Er ist nur 60 Zentimeter groß.
Mit der Kamera filmt der Roboter den Unterricht.

Doch warum macht der Roboter das?
10 Er geht für ein krankes Kind zur Schule.
Das Kind möchte nicht verpassen,
was alle in der Schule lernen.
Über ein Tablet* kann das Kind dabei sein.
Dann ist es im Krankenbett fast wie in der Schule.

*sprich: Täblett

**1** Markiere in der Überschrift und im Text das Wort **Roboter**.

Das Wort **Roboter** steht ☐ 3-mal ☐ 4-mal ☐ 5-mal im Text.

**2** In welcher Zeile steht das Wort **Tablet**?

Zeile _____

**3** Der Roboter ist so groß wie ein Schulkind.

☐ Das stimmt. ☐ Das stimmt nicht.

In Zeile ▸_____ steht ▸_____ .

# Lieblings-Pausenbrote

| **Brot** | **Belag** |
|---|---|
| **Schwarz**brot | Gurke |
| **Knäcke**brot | **Frisch**käse |
| **Reis**waffel | Butter |
| **Fladen**brot | Hummus |
| **Toast**brot | Ei |
| **Vollkorn**brot | Salami |
| _____ | _____ |
| _____ | _____ |

**1** Was bedeutet das Wort **Fladenbrot**? Verbinde.

Fladenbrot •

• flaches Brot

• süßes Gebäck

**2** Was bedeuten diese Wörter? Verbinde.

Hummus •

• Tomatensoße

• Aufstrich aus Kichererbsen

Reiswaffel •

• Waffel aus Puffreis

• Waffel aus Milchreis

**3** Kennst du ein anderes Wort für **Pausenbrot**?
Schreibe das Wort auf. Tauscht euch darüber aus.

Das Pausenbrot heißt auch Schulbemme oder ▸ _____ .

# Tagesplan der Klasse 2 a

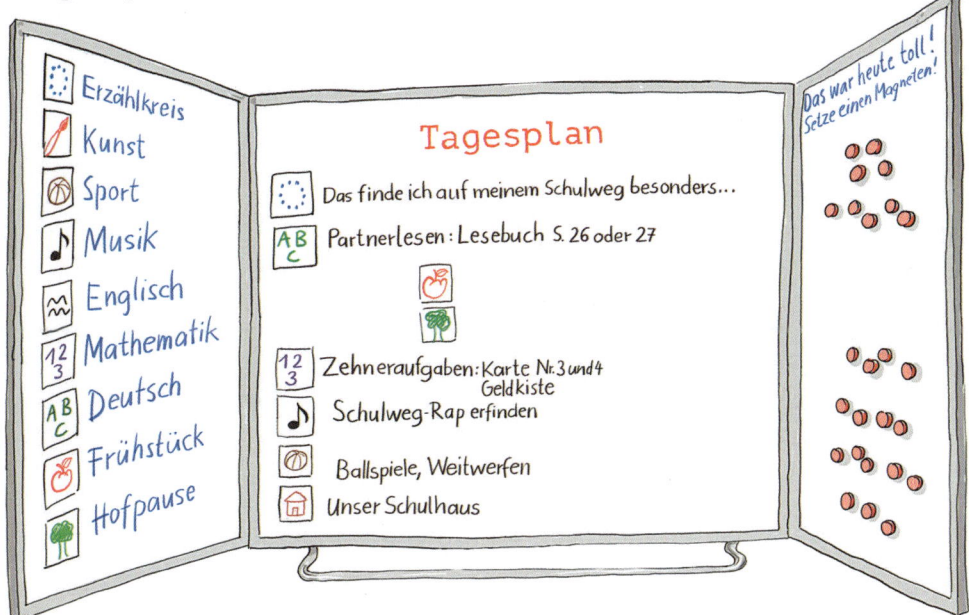

✏️ **1** Was bedeuten die Bilder? Schreibe es auf.

**2** Welches Bild bedeutet **Frühstück**? Rahme es ein.

🖊️ **3** Was bedeuten die Abkürzungen? Markiere.

| S. | Seife | Seide | Seite |

| Nr. | Name | Nummer | Note |

✂️✏️ **4** Jedes Kind setzt am Ende des Tages einen Magneten.
Was bedeutet der Magnet?

☐ Diese Aufgabe war schwer.

☐ Diese Aufgabe war langweilig.

☐ Diese Aufgabe war toll.

# Im Herbst

## Vogelabschied

> Es kommt die Zeit, |
> es kommt die Zeit, |
> wir ordnen uns zu Zügen. ||

**1. Kind**

Name:

> Wir müssen weit, |
> wir müssen weit |
> und fliegen, fliegen, fliegen. ||

**2. Kind**

Name:

> Es fällt so schwer,
> es fällt so schwer,
> zu scheiden, liebe Kinder.

**3. Kind**

Name:

> Wir fürchten sehr,
> wir fürchten sehr
> den Winter, Winter, Winter.

**Alle 3 Kinder**

Bruno Horst Bull

1  Lies das Gedicht leise.

2  Setze Silbenbögen unter das Wort **Vogelabschied**.

3  Setze Pausenzeichen.

4  Suche dir zwei Partnerkinder.
   Einigt euch, wer welche Zeilen spricht. Tragt eure Namen ein.

5  Übt nun, das Gedicht gemeinsam laut vorzutragen.
   Ihr könnt euren Vortrag auch aufnehmen.

# Ach Storch – Kleines Frühherbstlied

Ach Storch, du fliegst nach Afrika, |
weit über Flüsse und Hügel.
Ich bleibe hier, es wachsen mir
leider keine Flügel. ||

Ach Storch, nimm meine Grüße mit!
Grüße auch die Elefanten!
Ich mag sie sehr, sie sind so schwer
wie tausend dicke Tanten.

Fred Rodrian ◇

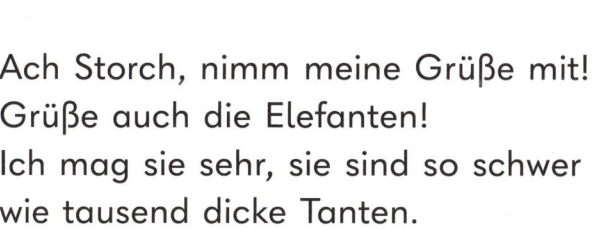

**1** In der Überschrift des Gedichts steht **Frühherbstlied**.
Was bedeutet Frühherbst? Kreuze das richtige Wort an.

  Herbstsonne     Herbstende     Herbstanfang

**2** Setze Silbenbögen unter schwierige Wörter.

**3** Setze Pausenzeichen.

**4** Wie möchtest du die erste Zeile der ersten und zweiten Strophe
vortragen: traurig, fröhlich, streng oder klagend? Begründe.

Ich möchte diese Zeilen ▸ [                    ] vortragen, weil ▸ [                    ]

▸ [                                                                ] .

**5** Lies das Gedicht laut, bis du es gut kannst.
Du kannst deinen Vortrag auch aufnehmen.

**6** Trage das Gedicht einem Partnerkind vor. Dein Partnerkind sagt dir,
was du schon gut machst und was du noch verbessern kannst.

# Herbst-Abc

**A** (apple image)

A_____

**B**lätter

**C**hrysanthemen*

**D** (kite image)

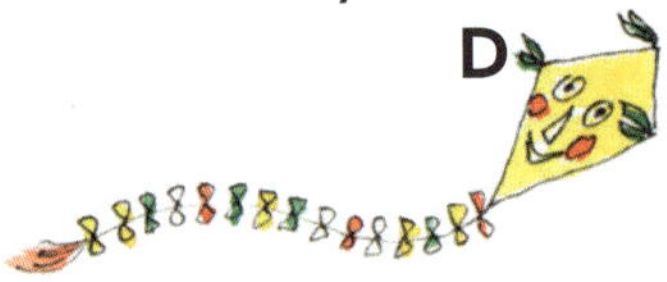

**E**rnte

**F**rüchte

**G**etreide

**H**erbstsonne

**I** (hedgehog image)

**J**acke

**K** (chestnut image)     K_____

**L**aternenfest

**M**artinstag

**N**ebel

**O**bst

**P** (mushroom image)     P_____

**Q**uitte

**R** (rain image)

**S**turm

**T** (grapes image)

**U**nwetter

**V**orrat

**W**ind

**X, Y, ...**

**Z**ugvögel

*sprich: Krüsantemen*

✏️ **1** Suche Wörter im Herbst-Abc. Schreibe die Wörter auf.

Ein Wort für ein Kleidungsstück:

▸ _____

Ein Wort für einen starken Wind:

▸ _____

Ein Wort für ein Tier mit Stacheln:

▸ _____

Ein Wort für Vögel, die wegfliegen:

▸ _____

✏️ **2** Ergänze das Herbst-Abc oben auf den Linien.

✂️ **3** Gestalte ein Herbst-Wort mit Schrift.

# Katzenschnupfen

### Katzen bekommen Katzenschnupfen

Nicht nur Menschen werden krank.

Auch unsere vierbeinigen Freunde, die Katzen,

können krank werden.

5 Eine häufige Krankheit ist der Katzenschnupfen.

### Krankheitszeichen

Eine Katze mit Katzenschnupfen hat oft keinen Appetit.

Sie ist müde und matt.

Die Katze muss häufig niesen, ihre Nase läuft. Sie hustet.

10 Ihre Augen tränen. Oft hat die Katze Fieber.

### Behandlung und Schutz

Ein Katzenschnupfen kann für die Katze gefährlich werden.

Am besten, man geht mit dem kranken Tier zum Tierarzt.

Dort bekommt die Katze die passende Medizin.

15 Gut ist, die Katze einmal im Jahr gegen Katzenschnupfen zu impfen.

Dann ist sie vor der Krankheit geschützt.

**1** Suche die Wörter
unsere vierbeinigen Freunde.
Welche Tiere sind hier gemeint?
Male das richtige Tier aus.

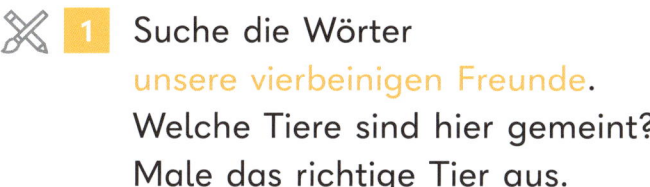

**2** Was sollte man tun, damit die Katze keinen Katzenschnupfen bekommt? Markiere die Antwort im Text.

**3** Woran erkennt man eine Katze mit Schnupfen? Kreuze an.

☐ Die Katze hat keinen Appetit.

☐ Sie niest nicht.

☐ Ihre Nase läuft.

☐ Sie faucht ständig.

☐ Sie ist müde und matt.

☐ Die Katze hustet.

☐ Ihre Augen tränen.

# Miteinander leben

## Der Lehnstuhl

Großvater ist **gestorben**. Vor Jahren schon.
Sein **Lehnstuhl** steht auf dem Dachboden,
mitten unter anderem Gerümpel.

In diesem Stuhl saß er immer
5 und rauchte seine Pfeife.
Manchmal lag die Katze
auf seinem Schoß und schlief.
Es war sehr gemütlich bei Großvater.

Inzwischen ist auch die **Katze** alt geworden.
10 In letzter Zeit geht sie immer auf den Dachboden
und schläft lange in Großvaters Lehnstuhl.

Erwin Moser ◈

**1** Suche die fett gedruckten Wörter im Text.
Prüfe die Aussagen.

| | stimmt | stimmt nicht |
|---|---|---|
| Großvater ist vor Kurzem **gestorben**. | | |
| Die **Katze** ist schon alt geworden. | | |
| Der **Lehnstuhl** steht im Keller. | | |

**2** Markiere die richtige Antwort im Text. Kreuze an.

Wo lag die Katze manchmal?

☐ auf dem Dach

☐ auf Großvaters Schoß

Wie war es bei Großvater?

☐ gemütlich

☐ unheimlich

**3** Lies die Aussagen. Wo steht das? Ergänze.

Die Katze geht in letzter Zeit auf den Dachboden.   Zeile _____

Der Großvater rauchte Pfeife.   Zeile _____

# Omas Sachen

Oma hat unheimlich viele Sachen.
Das ist super. Wenn ich zum Beispiel
eine gelbe Schnur brauche
oder zehn Luftballons oder
5 Bilder von Pandabären oder eine
Schatzkiste, dann sagt Oma:
„Warte kurz, ich sehe mal nach."

Wenn Oma nachsieht, dann geht sie durchs
ganze Haus. Sie öffnet alle Schränke,
10 kippt Schubladen auf dem Fußboden aus
und räumt Stapel durch die Gegend.

Manchmal kratzt sie sich dabei am Kopf,
mit einem Stift oder einer Gabel, die sie gerade gefunden hat.
Brummt dabei: „Zum Kuckuck, wo habe ich das nur hingelegt."

15 Dann kommt sie zurück und bringt mir genau das, was ich brauche.

Sara Ohlsson ◇

**1** Lies im blauen Abschnitt.
Kreuze an.

|  | stimmt | stimmt nicht |
|---|---|---|
| Oma sucht hinter dem Haus. |  |  |
| Oma kippt die Schubladen aus. |  |  |

**2** Lies die Aussagen. In welcher Zeile steht das? Ergänze.

| Oma bringt mir das, was ich brauche. | Zeile _____ |

| Oma hilft mir, wenn ich eine gelbe Schnur brauche. | Zeile _____ |

**3** Oma weiß oft nicht, wo ihre Sachen sind.

Stimmt das?  ☐ Das stimmt.  ☐ Das stimmt nicht.
Markiere eine passende Textstelle.

# Das Maglied

Ich mag dich kreuz und quer
Ich mag dich hin und her
Ich mag dich immer mehr
Ich mag dich sauber
Ich mag dich dreckig
Ich mag dich rund
Ich mag dich eckig
Ich mag dich wie du bist
Ich mag was in dir steckt
Du bist perfekt

Ich mag dich _____

Ich mag dich _____

Ich mag dich _____

Ich mag dich _____

Ich mag dich _____

Ich mag dich _____

Ich mag dich _____

Ich mag dich _____

Du bist perfekt

Andreas Remenyi ◇ und _____

✏ **1** Ergänze eine eigene Gedicht-Strophe.

✏ **2** Wem würdest du das Gedicht schenken? Begründe.

▸ _____
_____

▸ _____
_____

▸ _____
_____

# Wir spielen ganze Tage lang

Jonas und ich\*, wir spielen und wir spielen und
wir spielen, ganze Tage lang. Ja, Lotta darf auch
mitspielen, wenn wir etwas spielen, wobei sie
mitmachen kann. Aber manchmal, da spielen wir
5 Seeräuber und dann ist Lotta nur im Weg.
Sie fällt nämlich bloß vom Tisch runter, den wir
als Schiff nehmen.
Aber sie schreit und will trotzdem mitspielen.
Neulich, als wir Seeräuber spielten und Lotta
10 uns nicht in Ruhe ließ, da sagte Jonas:
„Weißt du, was man tut,
wenn man Seeräuber spielt, Lotta?"
„Man steht auf dem Tisch und hopst und
ist Seeräuber", sagte Lotta.
15 „Ja, aber es gibt noch eine andere Art und
die ist viel besser", sagte Jonas. „Man liegt unterm
Bett auf dem Fußboden ganz, ganz still."

\* Mia-Maria

Astrid Lindgren ◇

---

**1** Was denkt und fühlt **Lotta** wohl, wenn sie nicht mitspielen darf?
Kreuze an.

Lotta ist ☐ glücklich. ☐ wütend. ☐ zufrieden. ☐ gelangweilt.

**2** Was denkt und fühlt **Mia-Maria** wohl, wenn Lotta mitspielen will?
Kreuze an. Du kannst auch mehrere Kreuze machen.

☐ Ich bin überrascht, wie gut Lotta schon mitspielen kann.

☐ Ich bin glücklich, weil das Spiel zu dritt mehr Spaß macht.

☐ Ich bin genervt, weil Lotta immer bloß vom Tisch fällt.

☐ Ich bin traurig, weil ▸_____ .

**3** Vergleiche mit einem Partnerkind.

# Märchenzeit

## Hänsel und Gretel

Hänsel, _____

_____

_____.

_____

_____

_____.

_____

_____

_____.

✏️ **1** Was könnten Hänsel, Gretel und die Hexe auf dem Bild
sagen oder denken?
Schreibe es in die Blasen.

✂️✏️ **2** Stell dir vor, du bist

☐ Hänsel.     ☐ Gretel.

Was würdest du hören?

Ich höre ▸ _____ .

▸ _____ .

_____ .

○ Vorstellungen zum Textinhalt entwickeln und darstellen – **Basis**     **LF** S. 63

# Rotkäppchen

Rotkäppchen nahm den Korb
mit Kaffee und Kuchen
und machte sich auf den Weg.
Als es ein ganzes Stück
5 gegangen war,
kam plötzlich der Wolf.
„Wohin gehst du?", fragte er.
„Zu meiner Großmutter",
antwortete Rotkäppchen.
10 „Wo wohnt deine
Großmutter?"
Rotkäppchen überlegte
nicht lange und sagte:
„Du musst bis zur großen
15 Eiche laufen.
Dann siehst du rechts ein
kleines Haus am Waldrand.
Da wohnt sie, meine
Großmutter."
20 Der Wolf lief schnell davon.
Rotkäppchen aber ging
singend in die andere
Richtung, denn in dem
kleinen Haus am Waldrand
25 wohnte in Wirklichkeit
der Jäger.

Manfred Mai ◇

**Rotkäppchen überlegt:**

_____

_____

_____.

**Der Wolf denkt:**

_____

_____

_____.

**1** Was denken Rotkäppchen
und der Wolf wohl?
Schreibe es in die Denkblasen.

**2** Wo wohnt der Jäger?
Was erfährst du im Text darüber?
Male den Ort.

Hier wohnt der Jäger:

# Märchen-Adressen

Knusper Hexe
Lebkuchenstr. 2
71332 Waldhausen

Rotkäppchen
Wolfsweg 3
55900 Wackerstein

Dornröschen
Schlafplatz 100
07980 Prinzenkussdorf

Schneewittchen
Zwergstr. 7
42619 Stiefmuttersfort

Erwin Grosche ◈

Viele Grüße von

Liebe(s)

_____

_____

_____

✏ **1** Lies die Märchen-Adressen und wähle eine Adresse aus.
Schreibe die Adresse auf die Postkarte.

✏ **2** Schreibe einen Gruß an die Märchenfigur.

Kinderliteratur kennen: Werke, Autorinnen und Autoren, Figuren, Handlungen – **Basis**   LF S. 78

# Märchenrätsel: Wer bin ich?

Ich tanze gern am Feuer.
Niemand soll meinen Namen wissen. ①
Ich möchte das Kind der Königin haben.

Ich bin ein neugieriges Mädchen.
Im Schlossturm habe ich eine alte Frau
mit einem Spinnrad entdeckt. ②
Dort bin ich eingeschlafen.

Ich habe viel zu tun.
Am liebsten schüttele ich die Betten auf. ③
Dann schneit es auf der Erde.

Ich liebe Pflaumenmus.
Ich habe mit einem Riesen gekämpft
und mit Fliegen. ④
Sieben habe ich auf einen Streich erlegt.

Frau Holle

Tapferes
Schneiderlein

Dornröschen

Rumpelstilzchen

**1** Lies die Rätsel. Schreibe die Zahl
vor den passenden Namen.

**2** Woran hast du erkannt, wer gemeint ist?
Markiere in jedem Rätsel eine Stelle.

**3** Schreibe selbst ein Rätsel
zu einer bekannten Märchenfigur.

Ich ▸

▸

▸

▸ .

Ich heiße ▸ .

# Im Winter

## Zwei Engel im Schnee

Zusammen
liegen wir im Schnee.

Wie zwei Engel
aus der Höh.

Flügel schwingend,
Arme weit.

Leise flatternd
Seit an Seit.

Carole Gerber

**1** Kreuze in jeder Zeile den richtigen Satz an.

| | | | |
|---|---|---|---|
| Der Text hat vier Verse. | | Der Text hat vier Strophen. | |
| Einige Verse reimen sich. | | Die Verse reimen sich nicht. | |
| Der Text ist ein Gedicht. | | Der Text ist kein Gedicht. | |

**2** Welche Wörter reimen sich?
Markiere die Wörter mit der gleichen Farbe.

**3** Welche Textstelle gefällt dir besonders gut?
Rahme sie ein und begründe.

Mir gefällt die Stelle, weil ▸

○ erzählende, lyrische, szenische Texte und ihre Merkmale kennen und unterscheiden – **Basis**       **LF** S. 90

# wortgeschenke

wo immer du auch bist
egal an welchem orte
ich schenke dir zum weihnachtsfest
zehn meiner lieblingsworte

rosenseife
sahnebonbon
perlenkette
schneegestöber
hampelmann
kuscheltier
federbett
zimtstern
glockenklang

so weit meine worte fein
wie bitte?
hast nachgezählt? es sind erst neun?
nun gut
dann kriegst du noch nen

cowboyhut

Arne Rautenberg

**Meine 10 Lieblingsworte**

_____

_____

_____

_____

_____

_____

_____

_____

_____

_____

**1** Untersuche das Gedicht. Kreuze an.

| | stimmt | stimmt nicht |
|---|---|---|
| Das Gedicht hat zwei Strophen. | | |
| Das Gedicht ist von Arne Rautenberg. | | |
| Zwei Verse reimen sich. | | |
| Im Gedicht werden 10 Wörter verschenkt. | | |

**2** Welche zehn deiner Lieblingsworte würdest du gerne verschenken?
Schreibe die Wörter oben in die Liste.

## Er war da

Roter Mantel,
der Bart lang und weiß,
kommt er gegangen
ganz heimlich und leis.
Ein Rascheln.
Ein Wispern.
Ein Tuscheln.
Ein Knistern
tief in der Nacht.

Nikolaus hat
an uns alle
gedacht.

Elke Bräunling

**1** Schau dir das Bild an.
Lies die Überschrift.
Worum geht es wohl in dem Gedicht?

▸ _____

▸ _____

**2** Überfliege das Gedicht mit den Augen.
Markiere das Wort **Nacht**.
Wie oft hast du es gefunden? _____-mal

**3** Vergleiche deine Ergebnisse mit einem Partnerkind.

↻ Lesestrategien vor dem Lesen nutzen: Vermutungen anstellen – **Basis**     **LF** S. 85

# Die Weihnachtsgeschichte

**Jesus ist geboren**
Als Jesus in Bethlehem geboren war,
wollten alle das Kind sehen und es begrüßen.

**Die Hirten**
Ein Engel kam zu den Hirten.
Er brachte ihnen die gute Nachricht,
dass Jesus geboren war.
So machten sich die Hirten mit ihren
Schafen auf den Weg nach Bethlehem.

**Die drei Weisen**
Drei kluge Männer aus dem Morgenland
sahen einen Stern. Sie folgten ihm.
Der Stern zeigte den Männern
den Weg nach Bethlehem.
Über einem kleinen Stall blieb der Stern stehen.
Im Stall lag das Kind Jesus in der Krippe.
Die Männer brachten dem Kind Geschenke:
Gold, Weihrauch und Myrrhe*.

* sprich: Mürre

**1** Schau dir die Bilder an und lies die Überschriften.
Worum geht es wohl in dem Text?

▸ _____

▸ _____

**2** Überfliege den Text mit den Augen.
Markiere das Wort **Bethlehem**.
Wie oft hast du es gefunden? _____-mal

**3** Vergleiche deine Ergebnisse mit einem Partnerkind.

# Das tut mir gut

## Ich freue mich

Ich freue mich, dass ich Augen hab,
die alles ringsum sehn.
Freue mich, dass ich Füße hab,
wohin ich will zu gehen.
Freue mich über meine Ohren,
dass ich die Vögel hören kann –
und zieht der Kuchenduft ins Zimmer,
wie freut mich meine Nase dann.
Die Hände greifen, was ich will,
die Finger halten selten still –
und meine Haare kitzeln mich,
und was der Kopf denkt, spreche ich.

Lutz Rathenow

**1** Tausche dich mit anderen Kindern über den Text aus.
- Zu welcher Stelle habt ihr Fragen?
- Was fällt euch auf?
- Welche Textstellen findet ihr wichtig oder interessant?

**2** Worüber freust du dich? Schreibe deine Gedanken auf.

Ich freue mich auf ▸

▸                                                                                    .

Ich freue mich über ▸

▸                                                                                    .

Ich freue mich, wenn ich ▸

▸                                                                                    .

⊙ eigene Gedanken zu Texten entwickeln, zu Texten Stellung nehmen
und sich mit anderen austauschen – **Basis**

LF S. 95

# Mein trauriges Leben

An dem Tag, als Ella Frida weggezogen war, starrte Dunne
die ganze Zeit nur auf den leeren Stuhl neben sich.

Am selben Tag ist sie in der Pause hingefallen und hat sich
die Strumpfhose zerrissen und das Knie aufgeschürft.
Das hat so wehgetan, dass sie es bestimmt nie vergisst.
Erst wenn sie fünfunddreißig ist oder so.

Es half nichts, dass die Lehrerin ihr ein Pflaster aufs Knie klebte.
Ein winziges, das dauernd wieder abfiel.

Dunne hörte nicht auf zu weinen. Sie weinte nicht, weil es wehtat.
Sie weinte, weil Ella Frida weggezogen war.

Rose Lagercrantz ◈

 **1** Tausche dich mit anderen Kindern über den Text aus.
- Zu welcher Stelle habt ihr Fragen?
- Was fällt euch auf?
- Welche Textstellen findet ihr wichtig oder interessant?
  Markiere die Stellen.

**2** Schreibe einen Gedanken zum Text in die Denkblase.

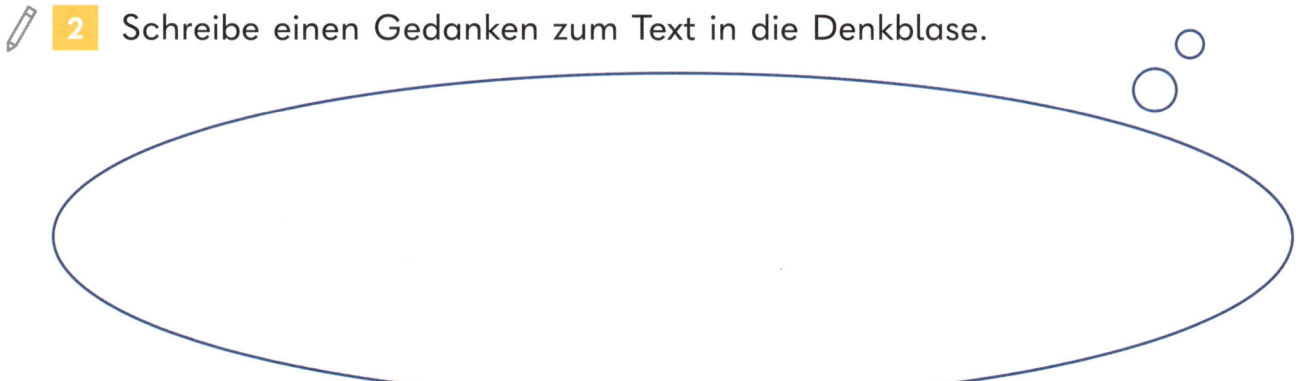

**3** Was macht dich traurig? Ergänze.

Ich bin traurig, wenn ▸ _____ .

Ich bin traurig über ▸ _____ .

Wenn ich traurig bin, ▸ _____ .

# Gelb schmeckt nach Senf

*Thomas ist blind, und er mag alle Farben.*

_____

Für Thomas schmeckt die Farbe **Gelb** nach Senf,
und sie ist so weich wie der Flaum von Küken.
Die Farbe **Rot** ist so süß wie eine Erdbeere
und so saftig wie die Wassermelone.
Thomas sagt, dass **Blau** die Farbe des Himmels ist,
wenn die Sonne seinen Kopf wärmt.

_____

**Schwarz** ist die Königin der Farben. Sie ist so weich wie Seide,
wenn seine Mama ihn umarmt und mit ihren Haaren umhüllt.
Thomas mag alle Farben, weil er sie hören, riechen, fühlen
und schmecken kann.

Menena Cottin ◇

**1** Welche Überschrift passt zu den Abschnitten? Wähle aus.
Schreibe sie über die Abschnitte.
- Schwarz wie Erdbeeren
- Die Königin der Farben
- Gelb, Rot und Blau

**2** Male ein Bild
zum ersten Abschnitt.

**3** Gib dem Bild
eine Überschrift.

# Im Park

*Sinan und Felix spielen im Park gegen Murat Fußball.*

---

**①** Plötzlich kam Hülya vorbeigefahren.
Sie hatte ein tolles neues Fahrrad.
**„Hey! Bisiklete bak!"**\*, rief Murat.
„Was?" Felix hatte schon wieder nichts verstanden.
Murat lief dem Mädchen mit dem Fahrrad entgegen.
Sinan nahm den Fußball und folgte ihm.

> Felix versteht

> Fußball gegen Murat

> Hülyas Fahrrad

---

**②** **„Selam, Hülya!"**\*\*, rief Murat.
Wie bitte?, dachte Felix. Er kam sich richtig doof vor.
Er schaute zu Sinan.
„Selam!", sagte Sinan und hob die Hand. „Ich heiße Sinan."
Ach so! Jetzt hatte Felix verstanden.
„Selam, ich bin der Felix."

---

**③** „Und das ist Schnuffi", sagte Hülya.
Schnuffi war ein neugieriger Hund.
Er lief gleich zu Sinan und wollte ihn beschnuppern.
Doch Sinan hatte Angst vor großen Hunden und
ging einen Schritt zurück. Schnuffi kam näher.
Sinan ging noch einen Schritt zurück,
dann noch einen und noch einen und –
stolperte über einen Stein. Autsch!

Aygen-Sibel Çelik ◇

\* *auf Deutsch: Hey, schau mal, das Fahrrad!*
\*\* *auf Deutsch: Hallo, Hülya!*

---

✏ **1** Welche Überschrift passt zu den Abschnitten 1 und 2? Wähle aus.
Schreibe sie über die Abschnitte.

✏ **2** Finde eine eigene Überschrift zu Abschnitt 3.

# Im Frühling

## Frühling

Der Frühling ist kommen,
der Frühling ist da!
Wir freuen uns alle,
juchheirassassa!

Es singen die Vögel
von fern und von nah:
Der Frühling ist kommen,
der Frühling ist da!

Volksgut

**1** Male zu jeder Strophe des Gedichts ein Bild.

**2** Versuche, das Gedicht auswendig zu sprechen.
Decke den Text ab. Nutze die Bilder.

# Die Tulpe

Dunkel
war alles und Nacht.
In der Erde tief
die Zwiebel schlief,
die braune.

Was ist das für ein Gemunkel,
was ist das für ein Geraune?
dachte die Zwiebel,
plötzlich erwacht.
Was singen die Vögel da droben
und jauchzen und toben?

Von Neugier gepackt,
hat die Zwiebel einen langen Hals gemacht
und um sich geblickt
mit einem hübschen Tulpengesicht.

Da hat ihr der Frühling entgegengelacht.

Josef Guggenmos

1 Male zu jeder Strophe des Gedichts ein Bild.

2 Versuche, das Gedicht auswendig zu sprechen.
Decke den Text ab. Nutze die Bilder.

## Ostereier suchen

Kinder, Kinder!
Kommt herbei!
Suchen wir das Osterei.
Immerfort,
hier und dort
und an jedem Ort.
Ist es noch so gut versteckt,
endlich wird es doch entdeckt.
Hier ein Ei,
dort ein Ei,
bald sind's zwei und drei.

Heinrich Hoffmann von Fallersleben

## Ostern

Osterhas,
bring mir was:
ein rotes Ei
oder auch zwei.

Friedl Hofbauer


Dies Eichen
aus dem Hühnernest,
das schenk ich dir
zum Osterfest.

Volksgut

**1** Lies die Ostergedichte.

**2** Welches Gedicht möchtest du auf eine Osterkarte schreiben
und verschenken? Rahme das Gedicht ein.

**3** Warum hast du dieses Gedicht ausgewählt? Begründe.

Ich habe das Gedicht ausgewählt, weil ▸

▸                                                                              .

○ Text- und andere Medienangebote begründet auswählen – **Basis**
LF S. 115

# Gesunde Frühlingsrezepte

## Power-Drink

Du brauchst:
3 Gläser Orangensaft
1 Glas Möhrensaft
Saft von einer Zitrone
4 Esslöffel Honig

## Erdbeerspießchen mit Joghurt-Dip

Du brauchst:
Zahnstocher
Erdbeeren
Vanille-Joghurt

## Gurkenfisch-Brot

Du brauchst:
1 Esslöffel Frischkäse
1 Gurke
1 Stück Paprika und 1 schwarze Olive
1 Scheibe Brot (am hinteren Ende wie
ein Fischschwanz zugeschnitten)

**1** Lies die Frühlingsrezepte.

**2** Womit würdest du deine Mama oder deinen Papa überraschen?
Kreuze an und begründe.

☐ Gurkenfisch-Brot  ☐ Erdbeerspießchen  ☐ Power-Drink

Begründung: ▸ _____

▸ _____

**3** Welches Rezept möchtest du mit deinem Freund oder deiner Freundin
gemeinsam ausprobieren? Kreuze an und begründe.

☐ Gurkenfisch-Brot  ☐ Erdbeerspießchen  ☐ Power-Drink

Begründung: ▸ _____

▸ _____

# Von Tieren und Menschen

## Die Hauskatze

### So sieht eine Katze aus

Katzen besitzen einen runden Kopf
mit zwei kleinen Ohren, lange Tasthaare
und einen langen Schwanz.
Katzen sind Raubtiere. Sie haben lange
Eckzähne, mit denen sie ihre Beute
festhalten.

Tasthaare

### Das frisst eine Katze

Katzen wurden früher gehalten,
um Ratten und Mäuse zu jagen.
Katzen, die in der Wohnung gehalten
werden, bekommen vom Menschen
Nassfutter oder Trockenfutter.

### Das kann eine Katze besonders gut

Katzen können gut auf Bäume klettern.
Wenn sie herunterspringen,
landen sie immer auf den Pfoten.

1 Lies die Abschnitte.
Male zu jedem Abschnitt ein passendes Bild.

2 Trage vor, was du über Hauskatzen weißt.
Decke den Text ab. Nutze deine Bilder.

# Inga

Als Inga aus der Schule nach Hause kam,
war der Vater so komisch.
„Ist etwas passiert?", fragte sie.
„Es ist etwas Trauriges passiert.
Dein Häschen ist tot", sagte er.

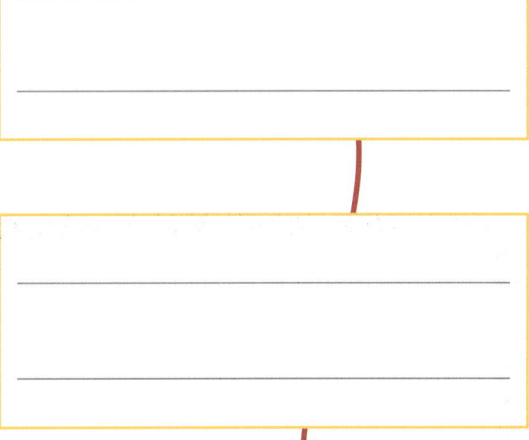

Einen Augenblick war Inga ganz still,
dann füllten sich ihre Augen mit Tränen.
Der Vater nahm sie in die Arme.
„Wo ist Nischka? Kann ich ihn sehen?",
fragte sie.

„Ich habe ihn draußen im Garten
zwischen den beiden Büschen begraben",
sagte der Vater.

„Ich hätte ihn doch so gern
noch einmal gesehen",
sagte Inga und ging hinaus.

Arnold Grömminger ◈

– Vater komisch

– Häschen tot

**1** Markiere in jedem Abschnitt drei bis fünf wichtige Wörter.
Schreibe die Wörter in das Kärtchen neben den Abschnitt.

**2** Decke den Text ab.
Erzähle die Geschichte mithilfe der Wörter in den Kärtchen.

# Rund um Tiere

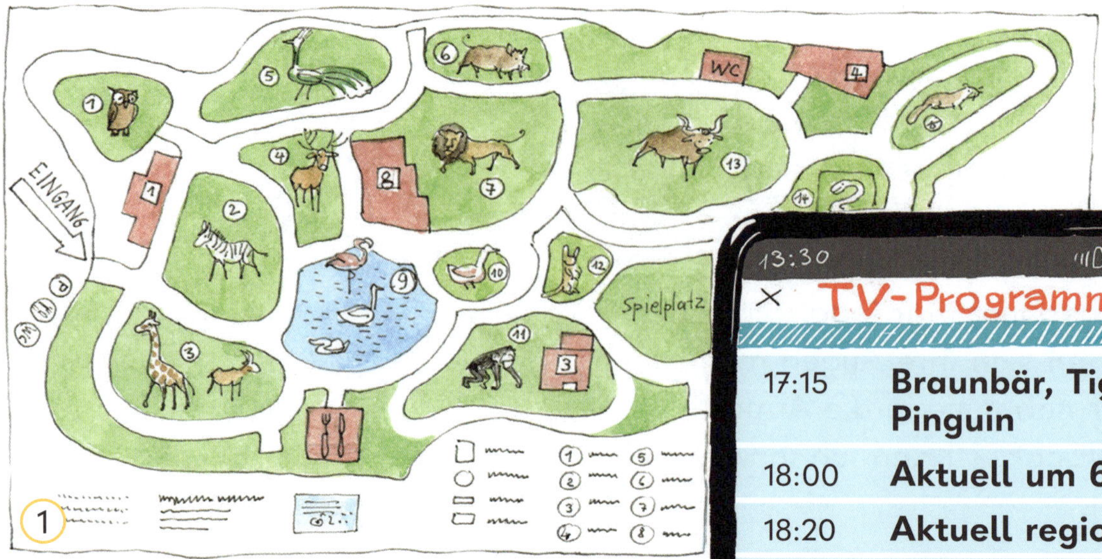

## Die Katzenangel ②

Du brauchst:
1 Stock
1 Meter festen Bindfaden
1 Blatt DIN-A4-Papier

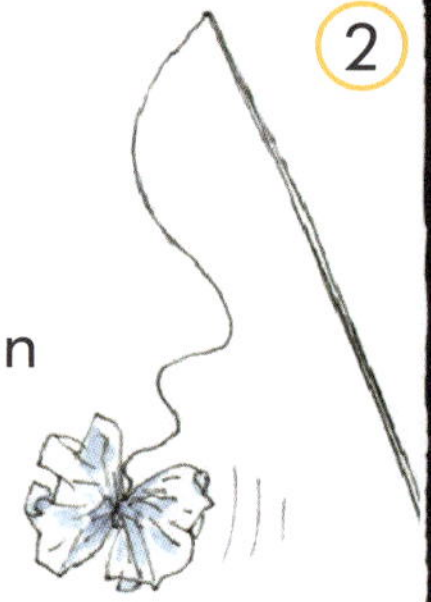

Für eine Katzenangel
musst du nur das Papier
in der Mitte zusammenraufen,
sodass ein Schleifchen entsteht.
Das bindest du an ein Ende des
Bindfadens. Das andere Ende
befestigst du an dem Stock.

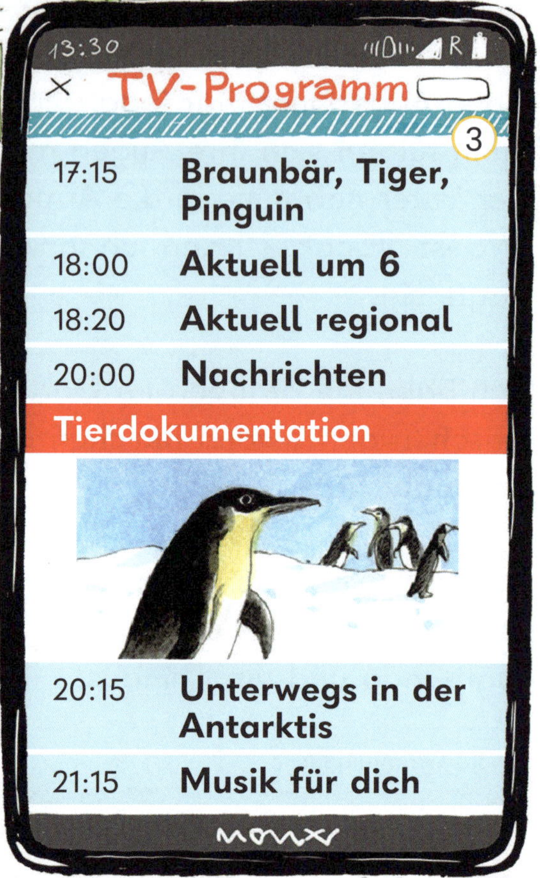

### TV-Programm ③

| 17:15 | **Braunbär, Tiger, Pinguin** |
| 18:00 | **Aktuell um 6** |
| 18:20 | **Aktuell regional** |
| 20:00 | **Nachrichten** |

**Tierdokumentation**

| 20:15 | **Unterwegs in der Antarktis** |
| 21:15 | **Musik für dich** |

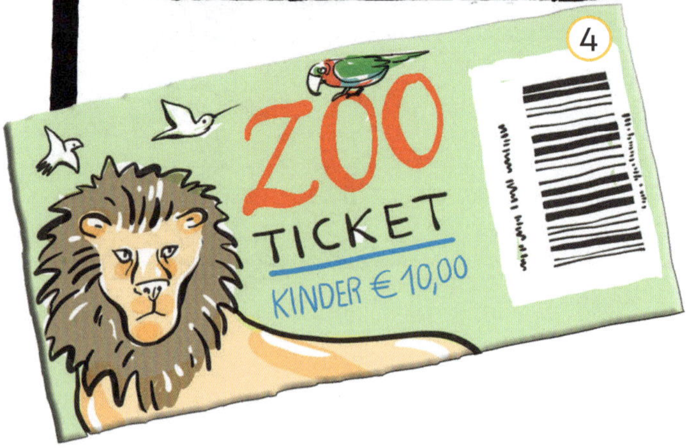

**ZOO** ④
TICKET
KINDER € 10,00

**1** Was sind das für Texte?
Trage die passenden Ziffern ein.

☐ Bastelanleitung

☐ Eintrittskarte

☐ Fernsehprogramm

☐ Plan

**2** Welche Arten von Texten hast du schon einmal benutzt?
Tausche dich mit einem Partnerkind aus.

# Für Tiere sorgen

  **1**  Kreuze alle richtigen Antworten an.

Auf der Visitenkarte eines Tierarztes
findet man

☐ das Alter des Tierarztes.

☐ die Adresse der Praxis.

☐ die Öffnungszeiten der Praxis.

☐ das Lieblingstier des Tierarztes.

☐ die Telefonnummer der Praxis.

Auf einem Kassenzettel
steht häufig

☐ das Datum des Einkaufs.

☐ der Name des Geschäfts.

☐ die Größe des Geschäfts.

☐ der Preis der eingekauften Waren.

☐ das Fernsehprogramm.

**Alessia Hummel**
Tierärztin

Biberweg 13, 12345 Magdeburg
Tel.: 0391/41 514

✉ Praxis.Hummel@beispiel.de
Sprechzeiten: Mo.–Fr. 15:00–19:00 Uhr

***\*\*\*Utes Tierparadies \*\*\****

```
FressFit
Trockenfutter  1kg           3,99 A
8x       0,69                2,95 A
Katzi Beutel 100 g
                             5,52 A

Summe               EUR    12,46

=================================
Nettobetrag         EUR    11,59
MWST A   7.00%       EUR     0,87

Es bediente Sie Frau Schmidt
20.05.2021     16:27      Kasse 1
```

✏ **2**  Worüber informiert dich die Suchanzeige?

Ich erfahre
– wann die Katze entlaufen ist.

**Katze vermisst**
Suche: Kater Willi in Burg

Entlaufen: 27.03.
Merkmale:
schwarzes Fell,
weiße Schnauze,
weiße Brust,
weiße Pfoten
Meldungen unter ✉

Suche: Katze Mauz in Aken

# Unsere Welt

## Ich bin Delina. Wer bist du?

Ich heiße **Delina**.
Ich bin fast sechs Jahre alt und komme aus Eritrea.
Dort sprechen die Menschen Tigrinisch.
Ich spreche aber auch Deutsch.

Mein Lieblingsessen ist Melone.

Ich heiße **Tarek**.
Ich bin sechs Jahre alt und komme aus dem Libanon.
Dort sprechen die Menschen Arabisch.
Mein Lieblingsort ist zu Hause bei meiner Schwester.

Am liebsten nasche ich Lutscher.

Mein Name ist **Amin**.
Ich bin sechs Jahre alt und komme aus Damaskus.
Das liegt in Syrien.
Ich spreche Arabisch und lerne Deutsch.

Mein Lieblingsessen sind Kibbeh*.

Janine Eck ◇

*Klöße aus Bulgur und Hackfleisch*

**1** Was isst Amin am liebsten?
Rahme das Bild ein.

**2** Welche Sprachen spricht Delina? Markiere.

**3** Welches Kind kommt aus dem Libanon?
Schreibe den Namen auf.

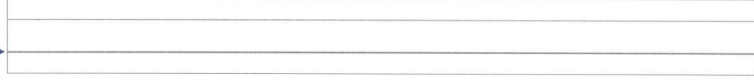

# Guten Tag

Überall auf der Welt begrüßen sich Menschen freundlich, wenn sie sich begegnen. Wie sie das tun, kann jedoch ganz unterschiedlich sein.

**Die Zunge herausstrecken**
Ungewöhnlich ist für uns die Begrüßung
der Maori in Neuseeland.
Hier streckt man die Zunge heraus,
um sich einen guten Tag zu wünschen.

**Nasenspitzen reiben**
Die Inuit im kalten Grönland gebrauchen
ihre Nasen zur Begrüßung. Sie reiben
nämlich ihre Nasenspitzen
aneinander, wenn sie sich treffen.

**Die Hände vor dem Herzen**
In Indien legt man zur Begrüßung
die Hände in Höhe des Herzens aneinander
und beugt den Kopf leicht nach vorn.
Das bedeutet: „Ich verneige mich vor dir."

**1** In welchem Textabschnitt steht etwas zur Begrüßung mit der Nase?
Rahme den Abschnitt ein.

**2** Wie begrüßen sich die Menschen in Indien?
Kreuze das passende Bild an.

**3** Schreibe auf, welche besondere Begrüßungsform du kennst.

▸

▸

▸

# Rezepte weltweit für die ganze Familie

www. remiens fur·kiwelw. DE    SUCHE

① **Rote Linsensuppe aus Indien**
Das Rezept für die Linsensuppe
mit Kokosmilch kommt aus Indien.
Probiert das Rezept gleich aus!

② **Schoko-Nuss-Kekse aus Island**
Alle mögen Schokoladen-Kekse.
Mit diesem leckeren Rezept könnt ihr
die Kekse gleich nachbacken.

③ **Lasagne\* aus Italien**
Das Rezept für den Nudel-Auflauf
mit Hackfleisch-Soße ist kinderleicht
und gelingt immer.

*sprich: Lasanje*

**1** Finde das passende Rezept für jedes Kind.
Schreibe die Rezeptnummer neben den Namen des Kindes.

Levi liebt Spaghetti, Spirelli, Makkaroni –
einfach Nudeln jeder Art.

Sara isst sehr gern Süßes, am liebsten mit Schokolade.

Filip mag Rezepte mit Kokosmilch.

**2** Welches Rezept interessiert dich am meisten?
Rahme das Rezept ein und begründe.

Mich interessiert dieses Rezept besonders, weil ▶

▶ .

# Feuer auf dem Berg – ein Spiel aus Tansania

**Anzahl der Mitspieler:**
ein Spielleiter, mindestens vier Mitspieler

**Spielanleitung:**
Alle Spieler legen sich auf den Rücken.
Sie bestimmen gemeinsam ein besonderes Wort,
zum Beispiel das Wort „Palme".
Wenn der Spielleiter das Wort „Palme" ruft,
müssen alle schnell aufspringen.
Das Spiel beginnt damit, dass der Spielleiter ruft: „Feuer auf dem Berg!"
Alle Mitspieler antworten: „Feuer!", springen aber nicht hoch.
Dann ruft der Spielleiter: „Feuer auf dem Fluss!"
Wieder antworten die Spieler: „Feuer!" und bleiben liegen.
Der Spielleiter denkt sich immer wieder ein neues Satzende aus,
zum Beispiel „Feuer auf dem Feld!", „Feuer auf der Wiese!".
Irgendwann ruft der Spielleiter dann plötzlich das Wort „Palme".
Er kann das Wort jederzeit rufen, zwischen den Sätzen
oder mittendrin, zum Beispiel „Feuer auf – Palme – der Wiese".
Wer zuletzt aufspringt, muss ausscheiden.

> Auf der Internetseite
> von UNICEF
> **www.unicef.de**
> kann man dieses
> und noch andere
> Spiele finden.

**1** Auf welcher Seite im Internet kann man das Spiel finden?
Markiere den Namen der Internetseite.

**2** Wo kann man das Spiel am besten spielen? Kreuze an und begründe.

☐ im Klassenraum      ☐ in der Turnhalle      ☐ auf dem Pausenhof

Dieser Ort eignet sich am besten, weil

_____
_____ .

**3** Nutze das Internet. Gib in eine Kinder-Suchmaschine
die Wörter „Spiele aus aller Welt" ein.
Schreibe eine Internet-Adresse auf, bei der du ein Spiel
aus einem anderen Land finden konntest.

_____
_____

# Mit Medien leben

## Mein Steckbrief über Medien

**1** Verbinde.

Am liebsten **lese** ich Geschichten über •

Am liebsten **höre** ich Hörbücher über •

Am liebsten **sehe** ich Filme über •

• Superhelden.

• Tiere.

• Freundschaft.

• Sport.

• _____

• _____

**2** Rahme ein. Begründe.

Besonders mag ich

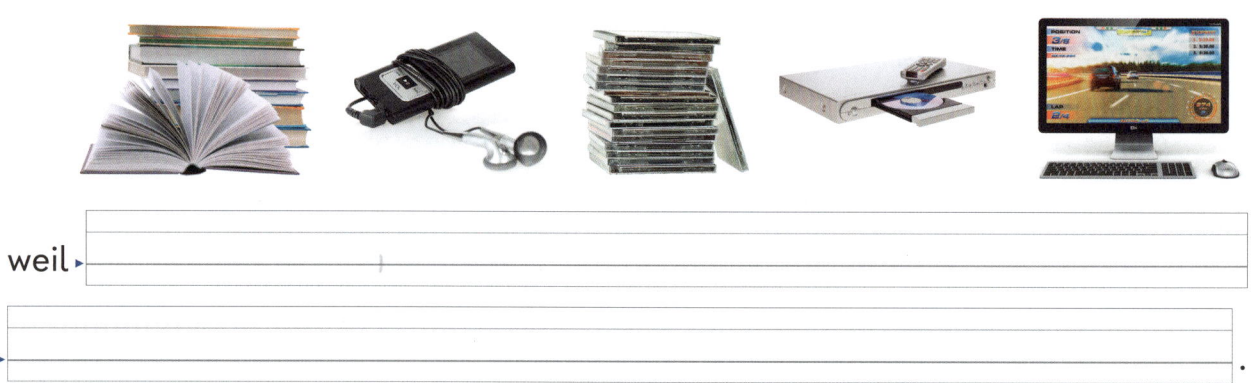

weil ▸ _____

▸ _____ .

**3** Was mache ich wo? Kreuze an.

| Lieblingsort | Lesen | Hören | Sehen |
| --- | --- | --- | --- |
| Wohnzimmer | ☐ | ☐ | ☐ |
| Kinderzimmer | ☐ | ☐ | ☐ |
| Küche | ☐ | ☐ | ☐ |
| _____ | ☐ | ☐ | ☐ |

◆ die eigene Lese- und Medienerfahrung beschreiben und einschätzen – **Basis** LF S. 155

# Tim entdeckt Finn McCool

*Tim war kein begeisterter Leser, bis er eines Tages
in der Bibliothek ein Buch entdeckte.*

Ich tat so, als würde ich ein Buch lesen
mit dem Titel **Finn McCool, der Riese von Irland**.
5 Da weckte etwas meine Aufmerksamkeit.
Der erste Satz der Geschichte.
„Finn McCool", stand da, „war der größte Riese in Irland."
Der Satz hatte was. Er klang … interessant.

Ich beschloss, ein bisschen weiterzulesen.
10 Nicht das ganze Buch, nie im Leben.
Aber vielleicht noch ein paar Sätze.
Finn hatte ein Problem, hieß es in dem Buch.
Angus MacTavish, der größte Riese in Schottland,
wollte gegen ihn kämpfen.

15 Da konnte ich nicht mehr aufhören.
Zwei Riesen, die gegeneinander kämpften!
Und im nächsten Moment war ich in die Geschichte vertieft.
Fast zwei Stunden lang hatte ich gelesen.

Eoin Colfer ◇

> **Was weckt Tims Aufmerksamkeit?**

> **Was beschließt Tim?**

> **Wie lange hat Tim in dem Buch gelesen?**

**1** Markiere die Antworten zu den Fragen in jedem Abschnitt.

**2** Vergleiche Tims Lese-Erfahrung mit deiner. Schreibe auf.

Welches spannende Buch hast du schon gelesen?

▶

Wovon handelt es? ▶

▶

Wie lange hast du schon einmal in einem Buch gelesen?

▶

## Was steht in welchem Regal?

*Malte, Leni und die anderen Kinder sind in der Bibliothek.*
*Sie suchen sich Bücher oder Hörspiele aus, die sie ausleihen möchten.*
*Alle Medien sind in Regalen geordnet.*

**Irina:** Ich möchte ein Buch mit russischen Märchen ausleihen.

**Maja:** Ich möchte Witze lesen.

**Leni:** Ich möchte herausfinden, was Kaninchen alles fressen dürfen.

**Bao:** Ich suche ein Buch mit vielen Bildern.

**Malte:** Ich möchte eine Geschichte hören.

**Rico:** Ich mag spannende Bücher.

**1** In welchem Regal können die Kinder ihre Bücher suchen?
Verbinde mit Linien.

**2** Aus welchem Regal möchtest du gerne etwas ausleihen?
Kreuze zwei Regale an.

**3** Schreibe auf, was dir an deiner Bibliothek besonders gefällt.

An meiner Bibliothek mag ich ▸

# Kleiner Test für Bibliotheks-Experten

1. Was sind Medien?

(L) Bleistifte, Füllhalter, Filzstifte

(M) Bücher, Zeitschriften, Hörspiele, Filme

2. Wozu benötigt man einen Benutzerausweis?

(E) zum Ausleihen von Medien

(F) zum Eintritt in die Bibliothek

3. Welche Bücher sind Sachbücher?

(E) Märchenbuch, Abenteuerbuch, Roman

(D) Tierbuch, Pflanzenbuch, Autobuch

4. Warum müssen Medien in der Bibliothek geordnet werden?

(I) damit man sie leicht finden kann

(H) damit sie nicht einstauben

5. Was bedeutet das Wort **Lesealter**?

(G) das Alter der Bücher

(E) das Alter der Leser

6. Was ist eine Buchlesung?

(O) Ein Buch wird geschrieben.

(N) Ein Buch wird vorgestellt.

 **1** Lies jede Frage. Markiere die richtige Antwort.

 **2** Ergänze das Lösungswort.

Lösungswort: ___ ___ ___ ___ ___ ___

# Unheimliches und Spannendes

## Kleiner Test für Buch-Experten

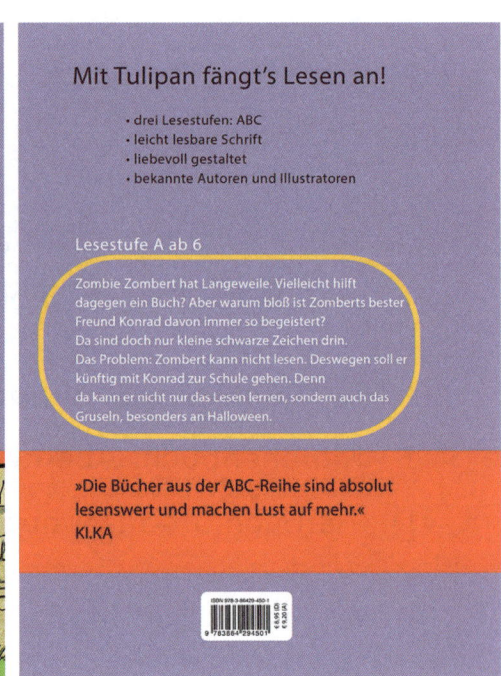

Autor •

Titel •

Klappentext •

<br>

✂️ **1** Ordne die Wörter dem Bild zu. Verbinde.

✏️ **2** Lies den Klappentext auf der Buchrückseite.
Er informiert dich über den Inhalt des Buches.
Kreuze an, was es für ein Buch ist.

☐ Gruselgeschichte ☐ Tiergeschichte ☐ Detektivgeschichte

✏️ **3** Welche Bilder gehören **nicht** in das Buch? Kreuze an.

# Die große Bücherschau

1.

2.

3.

**1** Ordne jedem Klappentext das richtige Buch zu. Trage die Nummern ein.

GUTEN ABEND miteinander. Mr Gum ist durch und durch böse und er hasst Kinder, Tiere, Spaß und Maiskolben mit Butter und Salz. In diesem Buch steht alles über ihn drin. Und über die unfreundliche Fee, die in seiner Badewanne wohnt. Und über Jacob, den Hund, und ein kleines Mädchen namens Polly und über Freitag O'Leary, den großartigen Mann. Und es gibt Helden und Süßigkeiten und Abenteuer UND ALLES!

Jede Nacht pünktlich zur Geisterstunde erwacht das kleine Gespenst. Vergnügt spukt das harmlose Gespenst durch Burg Eulenstein und besucht seinen Freund, den Uhu Schuhu. Sein größter Wunsch ist es, die Welt einmal bei Tageslicht zu sehen. Doch alle Versuche, nach dem Ende der Geisterstunde wach zu bleiben, schlagen fehl.

Die Geschichte vom Hexenkind Anna, dessen eines Bein länger ist als das andere. Und das sich weigert, es auf die Größe des kürzeren hobeln zu lassen. Denn: „Ich habe nun mal zwei verschiedene Beine, da muss ich eben was daraus machen." Mögen die Gleichbeiner anfangs noch so spotten ...

**2** Welches Buch würdest du gern lesen? Rahme es ein.

**3** Begründe deine Buchauswahl.

# Steckbrief für meine Buchvorstellung

Titel: ▸

Autorin/Autor: ▸

Das Buch ist ein

☐ Abenteuerbuch.      ☐ Tierbuch.

☐ Gruselbuch.      ☐ ▸ .

Darum geht es in meinem Buch:

▸

▸

▸

Meine Lieblingsfigur heißt: ▸

Diese Seite möchte ich vorlesen: Seite ▸

Ich gebe dem Buch ☆ ☆ ☆ ☆ ☆, weil ▸

▸

▸ .

✏ **1** Fülle den Steckbrief aus.
Vergleiche mit einem Partnerkind.

# Checkliste für meine Vorlese-Stelle

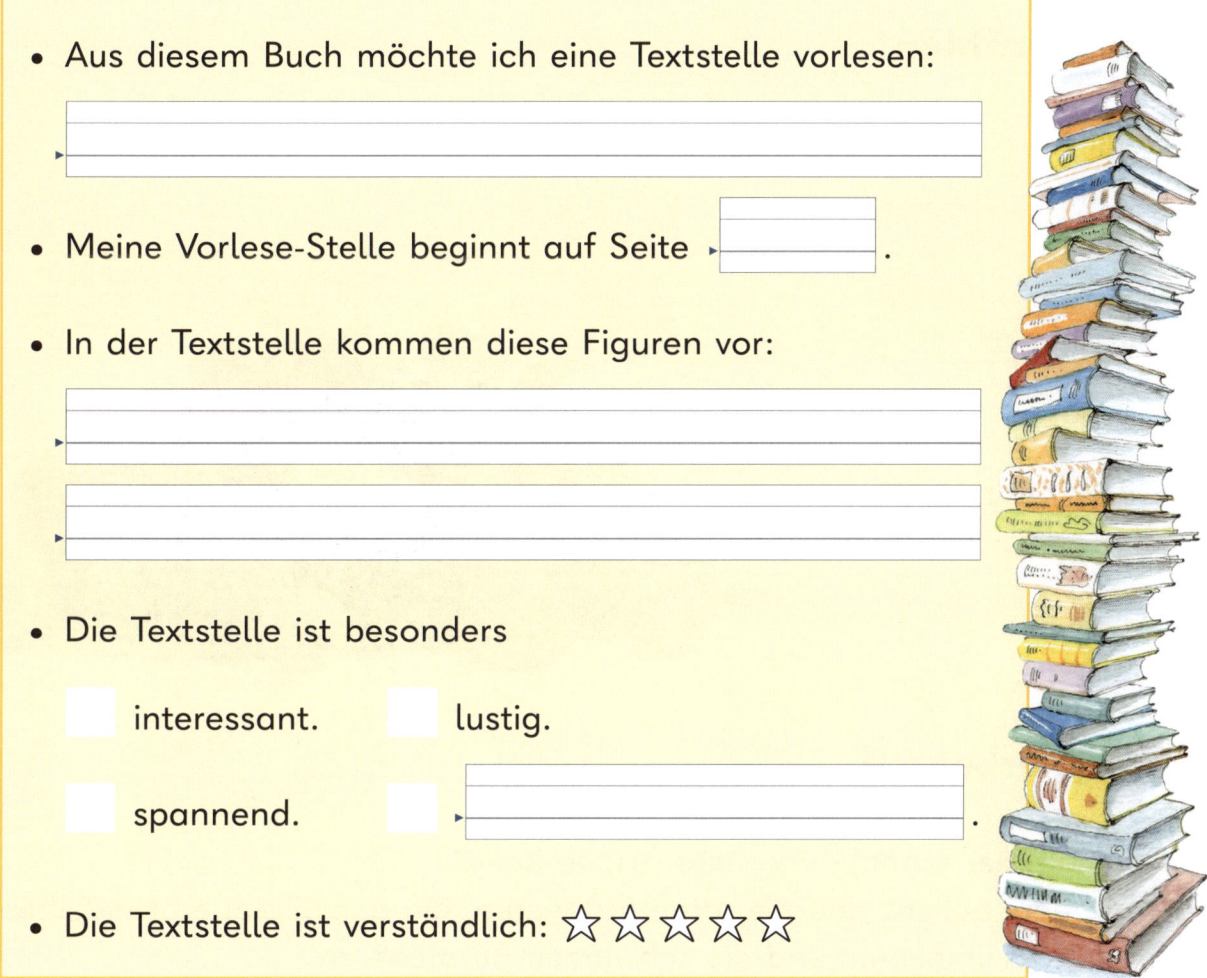

- Aus diesem Buch möchte ich eine Textstelle vorlesen:

- Meine Vorlese-Stelle beginnt auf Seite ▸ _____ .

- In der Textstelle kommen diese Figuren vor:

- Die Textstelle ist besonders

  ☐ interessant.     ☐ lustig.

  ☐ spannend.     ☐ ▸ _____ .

- Die Textstelle ist verständlich: ☆ ☆ ☆ ☆ ☆

**1** Suche aus einem Buch eine Textstelle zum Vorlesen aus.
Ergänze die Checkliste.

**2** Prüfe, ob du eine gute Wahl getroffen hast.
Kreuze an, worauf du geachtet hast.

| | beachtet |
|---|---|
| Die wichtigsten Figuren werden im Text vorgestellt. | |
| Die Zuhörer erfahren etwas Wichtiges über den Inhalt. | |
| Der Text hört an einer Stelle auf, die neugierig macht. | |
| Die Stelle ist für Zuhörer verständlich. | |
| Die Vorlese-Stelle ist besonders lustig, spannend oder interessant. | |

# Im Sommer

## Beerenzählen

Heidel
Stachel
Him
Brom
Blau

Genau!

Erd? – fehlt!
Ham wir uns verzählt?

F. W. Bernstein

## Sommerbeeren

Der Sommer schenkt uns viele frische Beeren.
Besonders beliebt sind die roten Erdbeeren, die dunkelblauen Heidelbeeren,
die roten Himbeeren und die schwarzen Brombeeren.

Beeren schmecken nicht nur köstlich. Sie sind auch gut für
unsere Gesundheit. Beeren haben viele Vitamine.

**1** Was sind das für Texte? Kreuze an.

**Beerenzählen** ist ☐ ein Sachtext.       **Sommerbeeren** ist ☐ ein Sachtext.

☐ ein Gedicht.       ☐ ein Gedicht.

**2** Welche Gemeinsamkeiten haben beide Texte?
Kreuze an. Du kannst auch mehrere Kreuze machen.

Es geht um ☐ die Farben.

☐ die Beeren.

☐ das Zählen.

# Wasserscheu

Alle anderen können schwimmen, nur Mirjam nicht.
Mirjam ist nämlich wasserscheu. Das sagen die anderen
jedenfalls. Und nun fährt Mama mit ihr in den Ferien
an die Ostsee, damit sie schwimmen lernt.
Mirjam hat überhaupt keine Lust dazu. Aber Mama
hat ihr versprochen, dass sie nicht ins Wasser muss,
wenn sie nicht will. Und außerdem hat sie gesagt,
dass das Wasser in der Ostsee salzig ist.
Und salziges Wasser trägt einen besser. Man geht
darin nicht so leicht unter wie in normalem Wasser.

Cordula Tollmien ◇

# Schwimmunterricht

„Ich habe bestimmt Fieber", sagt Julian. Mama legt ihm
die Hand auf die Stirn und sagt: „Nein, hast du nicht."
„Aber Bauchschmerzen", sagt Julian. Mama sieht ihn an
und fragt: „Was ist los, Julian? Willst du nicht in die
Schule? Ihr habt doch heute Schwimmen. Das ist doch
toll." „Von wegen", denkt Julian. Aber er sagt nichts.
Julian hat Angst vorm Wasser. Beim Umziehen trödelt er.
Unter der Dusche bleibt er so lange wie möglich.
Alle sind schon im Wasser. Nur Julian noch nicht.

Cordula Tollmien ◇

 **1** Was stimmt? Prüfe jeden Text.
Kreuze an.

| | blauer Text | grüner Text |
|---|---|---|
| Das Kind hat Angst vor dem Wasser. | | |
| Das Kind ist ein Junge. | | |
| Das Kind fährt in den Ferien an die Ostsee. | | |
| Das Kind trödelt beim Umziehen. | | |

# Lesefreunde 2

**Arbeitsheft**

**Erarbeitet von:**
Marion Gutzmann, Irene Hoppe, Alexandra Ritter, Michael Ritter

**Unter Beratung von:**
Carmen Blätter (Schöneiche), Melanie Föhrigen (Dessau-Roßlau), Gabriele Grünes (Magdala), Karina Holzschuh (Dippoldiswalde), Heike Redel (Berlin), Laura Schmidt (Rostock)

**Redaktion:** Nathalie Contrael, Alexandra Gigil, Julia Lauber

**Illustrationen:** Christa Unzner, Uta Bettzieche (Kapitelvignetten), Originalillustrationen

**Umschlaggestaltung:** Cornelia Gründer, Corngreen GmbH, Leipzig; Christa Unzner (Illustration), Uta Bettzieche (Hund + Detektiv)

**Layoutkonzept:** orangerie · grafikdesign, Berlin

**Layout und technische Umsetzung:** tritopp, Berlin

www.cornelsen.de

1. Auflage, 1. Druck 2022

Alle Drucke dieser Auflage sind inhaltlich unverändert und können im Unterricht nebeneinander verwendet werden.

© 2022 Cornelsen Verlag GmbH, Berlin

Druck: Athesiadruck GmbH

ISBN 978-3-46-480274-8

**PEFC zertifiziert**
Dieses Produkt stammt aus nachhaltig bewirtschafteten Wäldern und kontrollierten Quellen.
www.pefc.de
PEFC/18-31-166

## Quellen

**Textquellen**

S. 52
**Bernstein, F. W.:** Beerenzählen. Aus: Jens Sparschuh (Hg.): Firlefanz. Ganz und gar und gar und ganz: Sinn- und Unsinnsgedichte. Tulipan Verlag, Berlin 2012

S. 26
**Bräunling, Elke:** Er war da. Aus: Kerstin Kipker: Von drauss, vom Walde komm ich her … Arena Verlag, Würzburg 1997

S. 12
**Bull, Bruno Horst:** Vogelabschied. Aus: Im Mondlicht wächst das Gras. Ravensburger Buchverlag Otto Maier GmbH, Ravensburg 1991

S. 31
**Çelik, Aygen-Sibel:** Im Park. Aus: Sinan und Felix. SchauHoer Verlag, Pulheim 2016 (◇ gekürzt)

S. 45
**Colfer, Eoin:** Tim entdeckt Finn McCool. Aus: Tim und das Geheimnis von Knolle Murphy. Gulliver, In der Verlagsgruppe Beltz, Weinheim 2009 (◇ verkürzt u. verändert)

S. 30
**Cottin, Menena:** Gelb schmeckt nach Senf. Aus: Das schwarze Buch der Farben. S. Fischer Verlag, Frankfurt a. M., KJB 2008 (◇ verkürzt u. verändert)

S. 40
**Eck, Janine:** Ich bin Delina. Wer bist du? Aus: Ich bin Yola. Wer bist du? Meine Freunde aus der ganzen Welt. Duden, Bibliographisches Institut GmbH, Berlin 2019 (◇ gekürzt)

S. 43
Feuer auf dem Berg – ein Spiel aus Tansania. Nach: UNICEF: Spiele rund um die Welt. Nur als PDF-Datei: https://www.unicef.de/blob/10560/bc863992e19de55ce81c1d967e583791/spiele-rund-um-die-welt-2009-pdf-data.pdf

S. 49
**Fühmann, Franz:** Anna, genannt Humpelhexe (Klappentext). Hinstorff 2016

S. 24
**Gerber, Carole:** Zwei Engel im Schnee. Aus: Kenn Nesbitt (Hg.): Jetzt noch ein Gedicht, und dann aus das Licht! Carl Hanser Verlag, München 2019

S. 37
**Grömminger, Arnold:** Inga. Aus: Fächerverbindende Themen für das 1. und 2. Schuljahr. Klett Verlag, Stuttgart 1995 (◇ verkürzt u. verändert)

S. 22
**Grosche, Erwin:** Märchen-Adressen. Aus: Nobbi bin ich gerne. Omnibus cbj, München 2006 (◇ verkürzt u. verändert)

S. 33
**Guggenmos, Josef:** Die Tulpe. Aus: Was denkt die Maus am Donnerstag? Beltz & Gelberg in der Verlagsgruppe Beltz, Weinheim/Basel 1998

S. 34
**Hofbauer, Friedl:** Ostern. Aus: Georg Bydlinski: Der neue Wünschelbaum. Dachs-Verlag GmbH, Wien 1999

S. 34
**Hoffmann von Fallersleben, Heinrich:** Ostereier suchen. Aus: Ilse Walter: Kinderzeit im Festtagskleid. Herder & Co., Wien 1993

S. 29
**Lagercrantz, Rose:** Mein trauriges Leben. Aus: Mein glückliches Leben. Moritz Verlag, Frankfurt a. M. 2011 (◇ Auszug)

S. 19
**Lindgren, Astrid:** Wir spielen ganze Tage lang. Aus: Die Kinder aus der Krachmacherstraße. Friedrich Oetinger Verlag, Hamburg 1992 (◇ verkürzt u. verändert)

S. 8
**Maar, Paul:** Das Schul-ABC. Aus: Das Schul-ABC. Friedrich Oetinger Verlag, Hamburg 2013 (◇ verkürzt u. verändert)

S. 21
**Mai, Manfred:** Rotkäppchen. Aus: Die 100 besten 1-2-3 Minutengeschichten. Ravensburger Buchverlag Otto Maier GmbH, Ravensburg 2004 (◇ verkürzt u. verändert)

S. 16
**Moser, Erwin:** Der Lehnstuhl. Aus: Das große Fabulierbuch. Beltz Verlag, Programm Beltz und Gelberg, Weinheim 1995 (◇ Auszug)

S. 17
**Ohlsson, Sara:** Omas Sachen. Aus: Fanny ist die Beste. Moritz Verlag, Frankfurt a. M. 2020 (◇ Auszug)

S. 48
**Pannen, Kai:** Zombert in der Schule des Schreckens (Klappentext). Tulipan Verlag, München 2019

S. 49
**Preußler, Otfried:** Das kleine Gespenst (Klappentext). Thienemann Verlag 2016

S. 28
**Rathenow, Lutz:** Ich freue mich. Aus: Der Himmel ist heut blau: lustig listige Gedichte und Geschichten. Middelhauve Verlags GmbH, München für Der Kinderbuchverlag Berlin, Berlin 2000

S. 25
**Rautenberg, Arne:** wortgeschenke. Aus: vier kerzen drei könige zwei augen ein stern. Peter Hammer Verlag, Wuppertal 2019

S. 18
**Remenyi, Andreas:** Das Maglied. Aus: Georg Bydlinski: Der neue Wünschelbaum. Dachs-Verlag GmbH, Wien 1999 (◇ verkürzt u. verändert)

S. 13
**Rodrian, Fred:** Ach Storch – Kleines Frühherbstlied. Aus: Ein Pferd schwebt durch den Himmel. Der Kinderbuchverlag, Berlin 1989 (◇ verkürzt u. verändert)

S. 49
**Stanton, Andy:** Sie sind ein schlechter Mensch, Mr Gum! (Klappentext). dtv 2012

S. 53
**Tollmien, Cordula:** Wasserscheu. Aus: Leselöwen. Feriengeschichten. Loewe Verlag GmbH, Bindlach 1997 (◇ Auszug)

S. 53
**Tollmien, Cordula:** Schwimmunterricht. Aus: Kleine Schulgeschichten. arsEdition GmbH, München 1996 (◇ Auszug)

**Bildquellen**
**S. 16** © Rabe Alfons GmbH, Winden am See; **S. 19** Verlag Friedrich Oetinger GmbH, Hamburg; **S. 24** Shutterstock.com/Igor Salov; **S. 27** stock.adobe.com/(C) 1987–1996 Adobe Systems Incorporated All Rights Reserved; **S. 39** Tierarzt-Logo: Shutterstock.com/HuHu/Shutterstock/HuHu; Kater Willi: Shutterstock.com/rattaya shot; Katze Mauz: Shutterstock.com/bellena; Tablet: Shutterstock.com/Can Yesil; **S. 40** © 2019 Bibliographisches Institut GmbH (Duden), Berlin; **S. 42** Linsensuppe: stock.adobe.com/timolina; Kekse: stock.adobe.com/nicemyphoto; Lasagne: stock.adobe.com/Stawomir Fajer; **S. 44** Bücher: Shutterstock.com/Pina; MP3-Player: Shutterstock.com/StockPhotosArt; CDs: Shutterstock.com/oddech; DVD-Player: Shutterstock.com/StockPhotosArt; Computer: Shutterstock.com/Oleksiy Mark; **S. 48** © Verlag Friedrich Oetinger, Hamburg (u. r.); © Tulipan Verlag GmbH, München 2019 (Cover ob., u. m.); **S. 49** 1. Cover: Otfried Preußler, Susanne Preußler-Bitsch / Daniel Napp (Ill.): Das kleine Gespenst. Thienemann in der Thienemann-Esslinger Verlag GmbH 2016; 2. Cover: © Hinstorff Verlag GmbH, Rostock 2016; 3. Cover: dtv Verlagsgesellschaft mbH & Co. KG, München, Illustration: David Tazzyman: com/ExQuisine; **S. 52** stock.adobe.com/ExQuisine

# Selbstkontrolle: Alles richtig?

## Seite 2
1 Schere, Pinsel, Kreide
2 Bleistift, Knete, Füller, Schreibheft
3 Lineal, Lesebuch, Taschentuch, Anspitzer

## Seite 3
1 mich, dich, nicht, Licht, Lichter, Trichter; mein, dein, klein, Bein, Stein
2 Pausenbrot, Spielplatz
3 Computermaus, Klassenzimmer

## Seite 4
2 Kasten, Matte, Bank
3 Partnerkind, Turnschuhe, Kopf, Bank, fallen

## Seite 5
1 frei, gehn, raus, du
2 „Wachs-mal-Stift!"
3 Mit dem Bleistift zeichnest du eine Tabelle. Mit dem Füllhalter schreibst du das Gedicht sauber ab.

## Seite 6
1 sie, ihre, und
2 Der Junge sitzt auf einem Sitzball.
3 Schmunzeln/Lachen, gefährlichste/leichteste, Fußball/Handball, Da/Hier

## Seite 7
1 Ben steht links.

## Seite 8
1 stimmt nicht
2 Apfel in Zeile 4. Pause in Zeile 3 und 7.
3 A

## Seite 9
1 4-mal
2 Zeile 13
3 stimmt nicht, Zeile 7: nur 60 Zentimeter groß

## Seite 10
1 flaches Brot
2 Aufstrich aus Kichererbsen, Waffel aus Puffreis

## Seite 11
1 Sport, Erzählkreis, Kunst, Hofpause, Musik, Deutsch
3 Seite, Nummer
4 Diese Aufgabe war toll.

## Seite 12
2 Vo gel ab schied

## Seite 13
1 Herbstanfang

## Seite 14
1 Jacke, Sturm, Igel, Zugvögel

## Seite 15
1 Katzen
2 gegen Katzenschnupfen impfen
3 Die Katze hat keinen Appetit. Ihre Nase läuft. Sie ist müde und matt. Ihre Augen tränen.

## Seite 16
1 stimmt nicht/stimmt/stimmt nicht
2 auf Großvaters Schoß, gemütlich
3 Zeile 10, Zeile 5

## Seite 17
1 stimmt nicht/stimmt
2 Zeile 15, Zeile 3

## Seite 23
1 1 Rumpelstilzchen, 2 Dornröschen, 3 Frau Holle, 4 Tapferes Schneiderlein

**Seite 24**

**1** Der Text hat vier Strophen. Einige Verse reimen sich. Der Text ist ein Gedicht.

**2** weit/Seit

**Seite 25**

**1** stimmt nicht/stimmt/stimmt nicht/ stimmt

**Seite 26**

**2** 1-mal

**Seite 27**

**2** 3-mal

**Seite 30**

**1** Gelb, Rot und Blau, Die Königin der Farben

**Seite 31**

**1** Hülyas Fahrrad, Felix versteht

**Seite 38**

**1** 2 Bastelanleitung, 4 Eintrittskarte, 3 Fernsehprogramm, 1 Plan

**Seite 39**

**1** Visitenkarte: Adresse, Öffnungszeiten, Telefonnummer; Kassenzettel: Datum, Name des Geschäfts, Preis

**Seite 40**

**1** Kibbeh

**2** Tigrinisch und Deutsch

**3** Tarek

**Seite 41**

**1** Nasenspitzen reiben

**2** Die Hände vor dem Herzen

**Seite 42**

**1** 3 Levi, 2 Sara, 1 Filip

**Seite 43**

**1** www.unicef.de

**Seite 46**

**1** Hörspiele – Malte, Tiere – Leni, Krimis – Rico, Märchen – Irina, Witze – Maja, Bilderbücher – Bao

**Seite 47**

**2** Lösungswort: MEDIEN

**Seite 48**

**2** Gruselgeschichte

**3** 1. und 3. Bild

**Seite 49**

**1** 1. Jede Nacht pünktlich zur Geisterstunde …

2. Die Geschichte von Anna …

3. GUTEN ABEND miteinander.

**Seite 52**

**1** „Beerenzählen" ist ein Gedicht. „Sommerbeeren" ist ein Sachtext.

**2** Es geht um die Farben. Es geht um die Beeren.

**Seite 53**

**1** blauer Text: Das Kind hat Angst vor dem Wasser. Das Kind fährt in den Ferien an die Ostsee. grüner Text: Das Kind hat Angst vor dem Wasser. Das Kind ist ein Junge. Das Kind trödelt beim Umziehen.